하나님을
찾아서

일러두기
이 책에 등장하는 인명 가운데 일부는 가명으로 표기했음을 밝힙니다.

하나님을
찾아서

육로로 이스라엘까지 2년 7개월,
세상에서 가장 행복한 만남

김영광 지음

아드폰테스

너무 위험하고 무모해 보이기까지 하다. 여러 번 죽을 고비를 맞았던 험난한 여행길에서 혈기 왕성한 20대 청년이 들려주는 이 이야기는, 혹 누군가 따라한다고 할까 걱정될 정도이다. 젊을 때 고생은 사서도 한다는 말은 충분히 가치 있는 소리지만, 저자가 이 책에서 하고 싶은 말과는 차원이 다르다. 그는 젊은 혈기를 자극하지 않는다. 다만 삶의 무게에 눌려 주눅 들고 열정을 잃어버린 청년들에게 하나님의 도우심을 경험하고 동행하는 것만이 살길이라고 호소한다. 진실로 하나님만이 청년의 살길이고, 교회가 살길이다.

노진준 | LA한길교회 담임목사, 미주코스타 강사

하나님을 알기 전에는 내가 얻은 것들에 대해 운이 좋았다거나 노력의 결과라고 생각했다. 그러나 지금은 모든 것이 하나님의 계획과 선한 인도하심이었음을 믿는다. 특별히 책을 읽고 하나님을 향한 나의 믿음이 더 분명하고 확고해졌다. 험한 여정 속에서 김영광 전도사님과 함께하셨던 하나님의 선하심을 보며 그동안 나를 찾아왔던 모든 고난들이 나를 단련시키고자 하는 하나님의 계획 속에 있었음을 깨달았다. 이 책을 통해 이 땅의 모든 청년들이 하나님을 만나기를, 그리고 하나님만 의지하는 믿음을 갖기를 간절히 기도한다. 할렐루야!

박승일 | 가수, 울랄라세션 리더

중국에서 김영광 전도사를 만났을 때를 생각하면 지금도 흥분이 된다. 말 두 필을 끌고 5천 미터가 넘는 탕구라산맥을 넘어 티베트로 향하는 그의 발걸음이 어찌나 놀랍던지! 믿음의 삶과 무모함은 어떻게 다를까? 내 생각은 그렇다.

자신이 믿는 분이 누구인지 분명하게 확인되었을 때 우리의 무모함은 다윗의 물맷돌처럼 세상을 변혁시키는 도구로 변한다. 세상이 이해하지 못하는 방식은 하나님이 역사하셨다는 분명한 증거가 되기 때문이다. 여기, 김영광 전도사를 통해 하나님이 역사하신 분명한 증거를 읽기 바란다. 그리고 그가 믿는 주님과 함께 믿음의 삶으로 한 발자국을 내딛기를 바란다.

박에스라 | 이스라엘 선교사

김영광 전도사는 하나님을 향한 갈망을 가지고 이제껏 누구도 시도하지 못했던 길을 떠났다. 불타는 떨기나무 앞으로 다가갔던 모세처럼 그를 부르시는 하나님의 사랑의 음성을 향해 그는 손을 뻗었다. 낯선 땅과 사람들을 지나 국경을 넘어 예루살렘에 도착하기까지, 수많은 날들과 사건들 속에는 눈물겨운 감동과 불굴의 용기, 지칠 줄 모르는 하나님을 향한 사랑과 갈망 그리고 하나님의 살아계심을 보게 된다. 저자가 경험한 생생한 은혜가 이 책을 읽는 이들에게도 동일하기를 기대한다. 그가 강단에만 서면 성령의 임재와 기름 부으심이 흘러넘치는 축복을 경험했는데 그 이유를 이제야 알았다. 하나님은 이 책을 통해 이 땅의 수많은 영혼, 특별히 하나님께 무감각해지고 무디어진 이들의 영혼을 흔들고 깨우실 것이다!

원용식 | 성일교회 담임목사

하나님의 내밀하지만 강력한 부르심의 순간부터 내 심장은 함께 고동치기 시작했다. 주님의 부르심에 응답하는 영적 야성은 그분을 향한 타는 목마름을 기반으로 한다. 여행의 모든 여정은 그 목마름에 응답하시는 하나님의 살아있는 말씀으로 견인되고 있었다. 때로는 거침없이 강력하게, 때로는 고요하고 섬세하게 삶의 굴곡에 맞춰 선을 이루시는 하나님의 신비를 통해 우리 역시 영적 발돋움을 경험할 수 있다.

자연과 사람과 더불어 펼쳐지는 시련과 역경 속에서 저자는 두려움과 번민을 느끼지만, 그럼에도 불구하고 약속을 성취하시기까지 쉬지 않으시는 하나님의 선하신 의지를 본다. 그리고 하나님을 배우고 믿음의 삶을 배운다. 이로써 우리는 황량한 사막에도, 눈보라치는 히말라야에도, 온 세계 어디든지 하나님께서 충만히 거하신다는 사실을 부인할 수 없을 것이다.

이 책은 새로 읽는 한 편의 천로역정과 같다. 이 책을 통해 모든 일상 속에서 천성을 향해 나아가는 성도들의 영광스러운 믿음의 행진과 시대의 알람에 반응하지 않고 하나님의 영원한 부르심에 응답하는 청년들의 끝없는 도전이 이어지기를 소망한다.

원유경 | 목사, 온누리교회 화요성령집회 예배인도자

가슴 뭉클한 감동을 주는 책을 만나는 것은 큰 기쁨이 아닐 수 없다. 《하나님을 찾아서》가 바로 그러한 책이다. 밤을 꼬박 새우며 읽었다. 타클라마칸 사막의 험로와 히말라야 산맥을 넘으며 하나님을 만나고자 하는 김영광 전도사님의 용기에 감동하고 도전받았다. 어려운 순간마다 함께하셨던 살아계신 하나님을 나도 만나고 싶다는 간절함이 가슴 벅차게 다가온다.

아버지학교 강의 차 네팔에 갔을 때, 현지 선교사님으로부터 "저기 멀리 보이는 곳이 티베트에서 육로로 걸어올 수 있는 유일한 길입니다."라는 말씀을 듣고 험준한 산들을 바라본 적이 있다. 그때 '저곳은 어떤 곳일까? 어떤 사람들이 살고 있을까?' 하고 정말 궁금했었다. 이 책을 읽으며 상상 속에서 히말라야 산 속 꼬부랑길을 몇 번이나 걸었는지 모른다. 사막의 열기를 견디며 걸어가는 목마름과 고통이 어떤 느낌일까? 수없이 반짝이는 사막의 별들을 세고 또 세어보았다. 15개국을 거쳐 이스라엘로 가는 동안 만났을 수많은 사람들도 궁금했지만 그들에게 하나님을 알려주고자 하는 전도사님의 간절한 사랑이 나를 더욱 감동시켰다.

하나님을 간절히 만나고 싶은 이들에게 일독을 권한다. 하나님을 알고자 하는 열망이 더욱 피어오를 것이다. 특별히 용기가 부족한 청년들은 꼭 읽어보기 바란다. 어떤 어려움과 두려움에도 직면하고자 하는 용기가 용솟음치게 될 것이다.

장상태 | 경민대학교 교수, 두란노아버지학교 이사

하나님을 갈망하는 한 청년의 절규와 몸부림이 느껴졌다. 어미 품을 떠나 더 넓은 창공을 향해 날갯짓을 시작한 독수리 새끼를 보는 것 같다. 그가 걸은 여정은 하나님이란 종착지가 있는, 정교하게 만들어진 고차방정식을 연상케 한다. 인생의 목적도 방향도 없이 그저 절망의 늪에 갇혀버린 방황하는 청년들에게 저자는 온몸으로 하나님을 증명해냈다. 믿음이 흔들리고 하나님의 인도하심에 대한 확신이 없는 청년들에게 강력하게 추천한다.

정경호 | 목사, 대구CCC 대표

이 책은 하나님의 살아계심에 대해 확신이 없던 한 청년의 인생을 건 모험 이야기이다. 스물한 살에 하나님을 찾아 자전거와 말을 타고 이스라엘까지 가는 동안, 하나님이 어떻게 그를 보호하고 인도하고 공급하셨는지 생생한 스토리들로 가득하다. 살아계신 하나님을 경험하고 다시 사역자의 길로 돌아온 그의 가슴엔 불이 있다. 하나님을 만난 사람만이 가질 수 있는 불이다. 하나님을 만나지 못해 방황하는 청년들에게 특별히 이 책을 꼭 권하고 싶다.

최재호 | 성현교회 담임목사

하나님을 찾으면
반드시 만난다!

이 시대를 살아가는 청년들에게 묻고 싶다.

"흔들리지 않을 자신이 있는가?"

우리 마음에 폭풍우가 몰아칠 때면 관계가 깨어지고 삶도 무너지고 믿음도 흔들린다. 하나님을 믿는데도 우리는 왜 자꾸 넘어지는 것일까?

하나님의 인도하심에 대한 확신이 없기 때문이다. 내 삶에 일어나는 지극히 세밀한 일 하나까지도 하나님께서 인도하고 계시다는 확신 말이다. 다윗은 청년의 때에 사울왕과 군대에게 11년 동안 쫓겨 다니며 광야를 방황한다. 다윗은 자신을 도와줄 사람도 돈도 힘도 없었다. 미래도 없어 보였다. 자신의 인생이 얼마나 막막했을까? 너무나 부족해 보이는 삶이었는데도 그는 하나님께 이렇게 고백한다.

여호와는 나의 목자시니 내게 부족함이 없으리로다　　　　　_시 23:1

아무것도 가진 것이 없는데 부족함이 없다고 고백한다. 어떻게 이렇게 고백할 수 있는가? 다윗은 청년의 때 그의 인생에 가장 힘들었던 순간, 온 우주의 주인이신 하나님을 만났다. 가진 것 없어도 만물의 주인이신 하나님을 가지니 그의 마음이 실로 부족함이 없다고 느낀 것이다.

그러나 다윗은 왕이 되고 나서 모든 것을 가지게 되었음에도 마치 자신의 삶이 부족한 것처럼 여겼다. 그래서 자신을 위해 목숨까지 버릴 수 있는 충신을 죽이고 그의 아내를 취하는 죄를 짓고 말았다. 모든 것을 가져도 만유의 하나님을 잃어버리면 자신의 삶이 부족하다 느끼는 것이다.

청년들이 가장 시급하게 여겨야 할 것은 취업도 결혼도 아니다. 하나님을 신실하게 붙들고 있는지 자신의 마음을 확인해야 한다. 하나님께서 지금도 나의 삶을 돌보고 계시며 자신의 생명보다도 나를 더 귀하게 여기신다는 사실을 믿고 그분을 신뢰해야 한다.

만나야 흔들리지 않는다

2005년, 나는 몽골의 바얀산맥을 내려오다 늑대와 마주친 적이 있다. (지금 생각해보면 늑대가 아니라 '늑대 개'였을지도 모른다.) 그 순간 몸이 얼음장처럼 굳어서 움직일 수조차 없었다. 말로만 듣던 야생 맹수와 마주치자 엄청난 두려움에 사로잡혔다.

이야기나 그림을 통해 듣고 보는 것과 직접 마주치는 것에는 분명한 차이가 있다. 아프리카 정글에서 사자와 마주쳤던 사람은 사자의 이름만 들어도, 사자를 상상만 해도 심장이 떨릴 것이다. 우리 믿음도 그렇다. 하나님에 대해 말로만 듣던 욥은 하나님을 만나고 난 후에 전인격적으로 하나님께 순복했다.

> 내가 주께 대하여 귀로 듣기만 하였사오나 이제는 눈으로 주를 뵈옵나이다 그러므로 내가 스스로 거두어들이고 티끌과 재 가운데에서 회개하나이다
>
> _욥 42:5,6

하박국 선지자 역시 하나님의 음성을 듣고 나서는 하나님의 선하심에 대한 의심이 믿음으로 변했다.

> 주께서 말을 타시고 바다 곧 큰 물의 파도를 밟으셨나이다 내가 들었으므로 내 창자가 흔들렸고 그 목소리로 말미암아 내 입술이 떨렸도다 …… 나는 여호와로 말미암아 즐거워하며 나의 구원의 하나님으로 말미암아 기뻐하리로다 _합 3:15,16,18

나는 20대 초반에, 2년 7개월간 육로로 이스라엘까지 이동하며 이야기로만 들어왔던 하나님을 경험했다. 그리고 이제는 하나님의 살아계심을, 하나님이 나의 삶을 신실하게 인도하고 계심을 분명히 믿는다. 그 후로 단 한 번도 뒤돌아보지 않고 주께서 가라고 명하신 길을 달려왔다. 이 길을 가면 갈수록 더욱 확신이 생기고 기쁨이 샘솟는다.

하나님은 내가 청년 시절에 가졌던 의심을 오히려 믿음으로 바꾸어주셨다. 하나님을 간절히 찾는 마음으로 길을 떠났던 나를 주님은 불쌍히 여기시고 찾아오셔서 만나주신 것이다.

> 여호와여 주의 이름을 아는 자는 주를 의지하오리니 이는 주를 찾는 자들을 버리지 아니하심이니이다
> _시편 9:10

취업보다 결혼보다 중요한 일

여행 이후, 내가 만난 하나님에 대해 청년들과 은혜를 나눌 기회가 여러 번 있었다. 지금도 기억나는 자매가 있다. 그 자매는 내 이야기를 듣고 도전을 받아 자전거와 간소한 짐을 꾸려 유럽으로 떠났다. 그곳에서 프랑스 사람을 만나 결혼했고 20대 초반에 하나님만 의지하며 아프리카 선교사로 떠났다. 2008년 내가 중국 선교사로 파송받았을 때엔 청년 7명이 나를 따라 선교지로 향했다. 비록 나는 의심

많고 연약하지만, 내가 만난 하나님의 이야기는 나처럼 고민하고 갈등하는 많은 청년들에게 믿음의 도전을 주었던 것이다.

그 후로도 많은 분들이 내가 경험한 하나님에 대해 더 많은 이들과 나누길 권면하셨다. 그 방법의 하나로 출판을 권유하신 분들도 있었다. 과연 하나님이 기뻐하시는 뜻인지 물으며 오랜 시간 동안 진지하게 기도했다. 나 자신에게 단 한 가지 질문, "과연 책을 쓰려는 목적이 하나님의 영광만을 위함인가?"라고 묻던 중 2013년 1월, 교회 홈페이지에서 내 간증 영상을 본 청년에게서 메일이 왔다. 자신의 흔들리던 믿음에 확신이 생겼다며, 이 이야기가 책으로 나오면 더 많은 청년들에게 도전이 될 것이라고 출판을 권했다. 메일을 받고 기도하는데, 하나님이 이 일을 기뻐하신다는 마음을 주셨다.

이스라엘까지 여행했던 당시의 기록들을 찾아 글로 정리하길 1년여. 하나님이 예비하신 아드폰테스 출판사를 만나 이렇게 세상에 내놓는다. 이 모든 것이 선한 하나님의 인도하심이리라. 이 책을 통해 단 한 사람이라도 하나님을 향한 의심이 믿음으로 바뀐다면 더 바랄 것이 없을 것 같다.

요즘 청년들과 이야기를 할 때면 안타까운 마음이 든다. 결혼과 취직을 위한 스펙 쌓기에 젊음과 열정을 다 바치고 있다. 하나님나라를 향한 간절한 소망은 찾아보기 힘든 경우가 많다. 나는 하나님을 향한 확신이 없는 청년들에게 하나님께 전적으로 자신을 던져보라고 말하고 싶다. 세상으로부터 받는 인정보다 하나님으로부터 받을 칭찬을 소망하며 열방을 하나님과 함께 뛰어다녀보라고 외치고 싶다.

　나는 20대 초반에 벼랑 끝에 섰고 벼랑 밑으로 내 몸을 던졌다. 용기 있게 그 깊은 바다로 뛰어들 때 비로소 내가 물 위에 뜰 수 있다는 사실을 알았다. 그 후에야 드넓은 바다를 마음껏 헤엄치며 누빌 수 있는 것이다. 삶의 방향을 찾지 못해 머뭇거리는 청년들이여, 깊은 데로 가서 그물을 던져보라. 천지를 창조하시고 홍해를 가르시고 죽은 자를 살리시는, 지금도 내 삶에 살아 역사하시는 하나님을 만날 것이다.

2015년 5월

김영광

차례

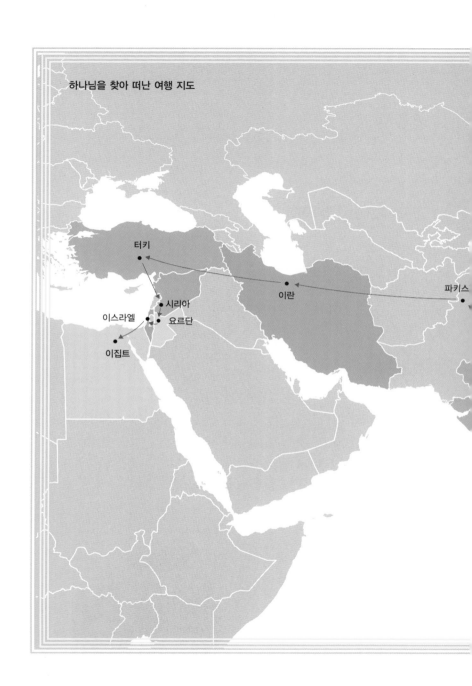

하나님을 찾아 떠난 여행 지도

터키

시리아

이스라엘

요르단

이집트

이란

파키스

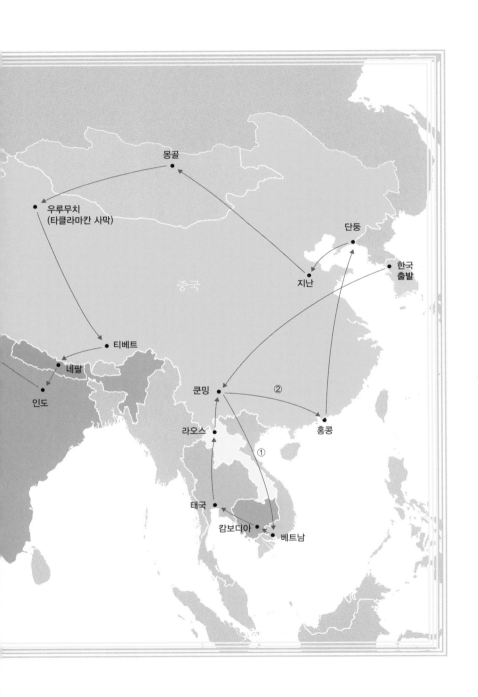

몽골

우루무치
(타클라마칸 사막)

단둥

한국
출발

지난

중국

티베트

네팔

쿤밍

②

인도

라오스

홍콩

①

태국

캄보디아

베트남

우리가 하나님에 대해 절박한 마음이 있다면 찾을 때까지 찾아야 한다.
포기하지 말고 하나님을 찾으라. 그러면 하나님은 반드시 만나주신다.

"나를 사랑하는 자들이 나의 사랑을 입으며 나를 간절히 찾는 자가 나를 만날 것이니라"
_잠 8:17

CHAPTER 1

하나님의
부르심

'길'이라는 단어가 선명하게 눈에 들어왔다. 예비한 곳에 이르게 할 것인데 길에서 나를 보호하시겠다는 말씀으로 받아들여졌다. 지도를 보니, 이스라엘까지 가는 길은 멀고도 험했다. 과연 이 길을 내가 갈 수 있을까? 이스라엘 백성들을 불기둥과 구름기둥으로 지키셨던 것처럼 과연 나도 지켜주실까? 기도하는 가운데 두려움이 사라지고 평안함이 찾아들었다. 결국 육로로 이스라엘까지 가기로 결정했다.

하나님을 찾기 위한
사생결단

하나님, 이곳에도 계십니까?

이글거리는 태양 아래 아스팔트가 녹아내렸던 스무 살 여름. 거대한 세상 앞에서 내 작은 믿음은 한없이 메말라만 갔다. 방학을 하자마자, 나는 경제적으로 힘드신 부모님을 돕고 싶어서 전국을 떠돌며 일거리를 찾아다녔다. 전봇대를 타고 올라 TV 케이블 연결하는 일도 했고 편의점에서 새벽까지 졸린 눈을 비비며 카운터를 보기도 했다. 그러다 막노동판을 전전했다. 숙박비를 아끼려고 찜질방에서 자거나 지하철에서 노숙을 하기도 했다.

공사장 일이 힘에 부치자 카페 서빙 아르바이트 자리를 찾았다. 카페 매니저를 만나러 간 약속 장소에는 팔뚝에 용 문신을 새긴 덩치 큰 남자가 기다리고 있었고 나를 어느 술집으로 데려갔다. 알고 보니 그곳은 카페가 아니라 호스트바였다.

문신을 한 남자는 내게 카운터와 서빙을 맡기고는 나를 일일이 감시했다. 그곳에선 나보다 몇 살 더 많은 형들이 매일 밤 여자들을 접대하며 술을 마셔댔는데, 그런 음란한 문화는 태어나서 처음 보았다. 젊은 남녀가 서로 부둥켜안고 있는 모습, 그리고 술에 잔뜩 취해 늦은 새벽 모텔로 향하는 모습은 충격적이었다. 그리고 새벽마다 일이 끝나면 여자들을 접대하던 형들 중 몇 명은 정장을 입은 남자들에게 각목으로 수십 대를 두들겨 맞았다. 그 상황은 정말 끔찍했는데 지금 생각해보니 기강을 잡기 위해 이유 없이 때렸던 것 같다. 이런 비참한 모습을 보며 수없이 하나님께 물었다.

"하나님, 이곳에도 당신이 계십니까?"

나는 문신을 새긴 남자와 함께 방배동의 한 오피스텔에서 지내다가 그가 잠깐 편의점에 간 사이에 그곳을 탈출했다.

세상을 온몸으로 체험하고 다니던 그때, 사람들이 나를 무시하거나 이용할 것만 같아 그리스도인임을 숨기곤 했다. 그리스도인이라는 것이 알려지면 요령도 피울 수 없고 화도 낼 수 없을 것만 같았다. 그래서 예수님을 부인했던 베드로처럼, 그 누가 물어봐도 그리스도인임을 부인했다.

그렇게 살다가 주일이 되어 교회에 나와 예배를 드릴 때면 하나님이 두려워 견딜 수 없었다. 아담과 하와처럼 부끄러운 내 모습을 가리고 하나님으로부터 숨고 싶은 마음이 가득했다. 세상은 내게 거대한 성 같았다. 전술도 무기도 없이 강력한 여리고성 앞에 다다른 이스라엘 백성들처럼 두려웠다. 무기도 없이 서있는 이스라엘 백성들은 그 거대한 성벽 앞에서 스스로를 초라하고 작게 느꼈을지도 모른다. 그러나 보이지 않는 만왕의 왕이 그들 가운데 일하고 계심을 믿었던 사람들은 두려워하지 않았을 것이다.

방학이 끝나자 다시 학교로 돌아갔다. 신학생들이 함께 드리는 예배는 열기가 아주 뜨거웠다. 그러나 여전히 나는 답답했고 기도를 해도 마음이 편치 않았다. 돌아보니 방학 동안 경험했던 '거대한 세상'에 눌려있던 것이다.

교실에서 배우는 지식으로서의 믿음보다 살아있는 믿음이 절실했다. 목사님 설교에 아멘으로 응답하고, 교회 중고등부 학생들에게 성경도 가르쳤지만, 정작 세상에서 나는 그리스도인답지 못했다. 나는 왜 그리도 세상에서 무기력한 것인지 자괴감이 들었다. 속에는 교만과 음란과 미움과 분노가 가득한데도 겉으로는 경건한 사람처럼 행동하는 나를 볼 때마다 견딜 수 없이 괴로웠다. 이렇게 이중적으로 살다가 결국 영원한 지옥 불에 던져지지 않을까, 두려움에 몸서리쳤다.

하나님은 정말 살아계신 분일까? '나'라는 존재가 근본적으로 변화될 수 있을까?

내 안의 좌절과 실망, 회의가 한데 뒤섞여 하나님을 향한 절규로 터져 나왔다. 기도할 때마다 하나님이 정말 살아계시다면 내게 보여달라고, 나를 변화시켜달라고 부르짖었다. 목마른 사슴이 시냇물을 찾듯이, 물을 찾지 못해 목숨이 위태한 짐승이 절규하며 물을 찾듯이, 그렇게 하나님을 찾아 헤맸다. 살아계신 하나님을!

> 내 영혼이 하나님 곧 살아계시는 하나님을 갈망하나니 내가 어느 때에 나아가서 하나님의 얼굴을 뵈올까
> _시 42:2

아는 것만으로는 세상을 이길 수 없다

학교 수업이 끝나면 도서관으로 달려가 말씀을 읽기 시작했다. 좌절과 회의 속에서 지푸라기라도 잡는 심정으로 신약성경을 읽어나갔다. 그러던 중 성경의 두 구절에 마음이 사로잡혔다. 가장 믿어지지 않지만, 가장 믿고 싶었던 진리를 담은, 내게 가장 절실했던 말씀이었다. 첫 번째는 요한일서 말씀이었다.

> 무릇 하나님께로부터 난 자마다 세상을 이기느니라 세상을 이기는 승리는 이것이니 우리의 믿음이니라
> _요일 5:4

세상에서 믿음으로 살지 못한 나로서는 쉽게 받아들여지지 않는

말씀이었다. '하나님께로부터 난 자는 세상을 이긴다고 하는데 그렇다면 나는 하나님의 자녀가 아닌 것일까? 나는 어디에서, 누구로부터 나온 것일까?'

교회에서 배웠기에 머리로는 알고 있었지만 확신이 없었다. '아는 것'과 '믿는 것' 사이에는 분명한 차이가 있었다. 그렇지만 성경이 변함없는 진리라면, 세상을 이기는 믿음은 반드시 있을 것이다. 그 믿음을 꼭 찾고 싶었다.

내가 믿을 수 없었던 또 다른 구절은 마태복음의 말씀이었다.

> 그런즉 너희는 먼저 그의 나라와 그의 의를 구하라 그리하면 이 모든 것을 너희에게 더하시리라   _마 6:33

잠깐이었지만 세상에서 돈이 가진 능력을 보았다. 왜 사람들이 돈에 의지해서 사는지 알 것 같았다. 치열하게 살아가는 사람들의 중심에는 돈이 있었다. 모두들 돈만 있으면 해결 못할 문제가 없다는 듯, 돈을 향해 달려갔다. 하나님이 계셔야 할 자리에 돈이 자리 잡고 있는 것 같았다.

마태복음 6장 31절에서 말하는 "무엇을 먹을까 무엇을 마실까 무엇을 입을까" 염려하는 것은 한마디로 '돈 걱정'이라 할 수 있다. 예수님 말씀을 듣던 무리들은 하루하루를 힘겹게 살아가는 가난한 백성들이었다. 돈 걱정을 안 할 수 없는 처지의 그들에게 예수님은 돈 걱정을 하지 말라고 하신다.

공중의 새도 들의 백합화도 하나님이 친히 먹이시건만, 온 만물을 지으신 분께서 목숨까지 버리며 사랑한 그의 자녀의 삶을 돌보지 않겠느냐는 것이다. 하나님이 내 아버지라는 것을 믿는다면, 하나님의 자녀답게 먼저 그의 나라와 의를 구하라고 예수님은 말씀하셨다.

내겐 이 두 말씀에 대한 확신이 필요했다. 두 구절에 대한 의문이 해결되어야 성경 66권 말씀을 온전히 믿을 수 있을 것 같았다. '하나님은 정말 살아계시는가? 하나님의 말씀은 진리인가?' 확신을 갖고 싶었다.

이스라엘로 부르시다

그렇게 매일 성경을 탐독하며 하나님을 찾아 헤매던 어느 날, 특별한 일이 일어났다. 예수님이 예루살렘을 바라보며 눈물을 흘리셨다는 사실을 알고부터였다.

> 대답하여 이르시되 내가 너희에게 말하노니 만일 이 사람들이 침묵하면 돌들이 소리 지르리라 하시니라 가까이 오사 성을 보시고 우시며 _눅 19:40,41

이 말씀을 읽는데 마음 깊은 곳에서 이상한 요동이 일기 시작했다. 마음의 흥분은 며칠이 지나도 가라앉지 않았다. 그날 이후로 예루살렘이 내 심장에 비수처럼 박혀 떠나지 않았다. 기도할 때마다 생각났고 가슴이 두근거렸다.

'주님, 도대체 이건 무슨 일인가요?'

어느 주일 아침, 목사님의 설교를 통해 내게 일어난 일의 의미를 깨달았다. 그날 설교는 하나님이 아브라함을 부르시는 내용이었다.

> 여호와께서 아브람에게 이르시되 너는 너의 고향과 친척과 아버지의 집을 떠나 내가 네게 보여줄 땅으로 가라　　　　　　　　　　　_창 12:1

아브라함은 갈 바를 알지 못했지만 하나님이 명하신 땅 가나안으로 갔다. 하나님은 그 땅에 그의 나라와 백성들을 세우길 꿈꾸며 기뻐하셨다. 하지만 시간이 지난 뒤 그의 백성들은 진리의 말씀을 떠났고, 예수님은 황폐해질 예루살렘 성을 보시며 눈물을 흘리셨던 것이다.

그런데 전혀 관심을 둔 적이 없던, 성경 속에만 존재할 것 같은 이스라엘이 갑자기 생각만 해도 두근거리는 땅으로 다가왔다. 설교를 듣는 내내 주님이 나를 이스라엘로 부르신다는 생각이 들었다. 아브라함이 부르심을 받았을 때도 이런 마음이었을까? 성령님은 내가 알지 못하는 그곳으로 떠나라고 계속 재촉하셨다.

'거기서 네가 구하는 것을 찾으리라.'

세미하지만 마음이 뜨거워지는 음성이었다. 기도하는 가운데 주님께선 내가 말씀에 순종하여 떠난다면 나를 만나주시겠다고 약속하셨다.

그날 집으로 돌아가는 길에 서점에 들러 세계지도를 샀다. 한국과 이스라엘에 볼펜으로 동그라미를 그려놓고는 매일 지도를 보며 기도했다.

"주님, 저는 돈도 없고 언어도 자신이 없습니다. 두렵습니다. 내가 어떻게 이스라엘까지 갈 수 있겠습니까?"

그때 주님은 성경을 읽는 중에 말씀으로 마음에 감동을 주셨다.

> 내가 사자를 네 앞서 보내어 길에서 너를 보호하여 너를 내가 예비한 곳에 이르게 하리니
> _출 23:20

'길'이라는 단어가 선명하게 눈에 들어왔다. 예비한 곳에 이르게 할 것인데 길에서 나를 보호하시겠다는 말씀으로 받아들여졌다. 하나님이 이스라엘 백성들에게 하신 말씀이 당장 내게 하시는 말씀처럼 들렸다. 지도를 보니, 이스라엘까지 가는 길은 멀고도 험했다. 바다와 사막을 지나야 하고 히말라야도 건너야 했다. 과연 이 길을 내가 갈 수 있을까? 주님이 이스라엘 백성들을 불기둥과 구름기둥으로 지키셨던 것처럼 과연 나도 지켜주실까? 기도하는 가운데 두려움이 사라지고 평안함이 찾아들었다. 주님은 지속적으로 나와 함께하신다고 말씀하셨다. 결국 육로로 이스라엘까지 가기로 결정했다. 주님이

길에서 나를 만나주시고 지켜주시기를 소망하며…….

하나님의 부르심이 얼마나 강력했는지, 나는 학기를 마치기도 전에 휴학계를 내고 바로 떠날 준비를 했다. 내겐 신학교를 다니는 것보다 하나님을 찾고 만나는 것이 더 급하고 중요했다.

'주님이 나를 목회자로 부르신 것이 확실하다면 이스라엘까지 가는 동안 하나님이 정말 살아계신지 보여주세요. 세상을 이기는 믿음이 있다면 내게 그 믿음을 주시고 먼저 그의 나라와 의를 구할 때 모든 필요를 채워주세요. 성경 속에서만이 아니라 지금도 살아계셔서 나의 삶을 인도하시는지 저는 보고 싶습니다. 하나님이 내 기도에 응답하신다면 주님의 부르심에 내 인생을 걸겠습니다. 그렇지만 만약 아니라면 저는 신학 공부를 그만두겠습니다.'

두 달 정도 부지런히 움직였다. 여권도 만들고 비자도 받으며, 이스라엘까지 가는데 필요한 정보들을 모았다. 그리고 2003년 2월, 교회 형들과 누나들이 후원해준 50만 원을 들고 무작정 이스라엘을 향해 떠났다.

세상 어디에도 연고가 없었다. 어디를 어떻게 가야 하는지도 잘 알지 못했다. 하지만 하나님을 만나리라는 갈망을 안고 머나먼 길을 떠났다. 배를 타고 중국으로 들어가 육로로 이스라엘까지 하나님이 보여주신 말씀을 붙들고, 또한 그 말씀을 이루시는 하나님을 확인하기 위해 약속의 땅으로 향했다. 그렇게 나는 하나님을 찾아서 일생일대의 모험을 시작했다.

너희는 믿음 안에 있는가 너희 자신을 시험하고 너희 자신을 확증하라

_고후 13:5

집을 나서기 전, 늘 신앙으로 나를 양육해주신 부모님은 내 머리 위에 두 손을 얹고 축복기도를 해주셨다. 가족들의 기도는 항상 보이지 않는 큰 힘이었다. (내가 집을 떠나 있었던 2년 7개월 동안 엄마는 하루에 두 시간씩 나를 위해 기도하셨다고 한다.)

언제 다시 보게 될지 모를 가족들과 작별 인사를 나누고 집을 떠나는데 눈물이 핑 돌았다. 건강한 모습으로 돌아오겠다는 약속을 드리고 인천항으로 떠났다.

무모해 보이는
항해의 시작

50만 원으로 떠난 믿음의 모험

인천항에서 출국 수속을 밟고 중국으로 향하는 배에 올랐다. 배의 크기가 가히 압도적이었다. 크다는 표현보다 거대하다는 말이 더 어울릴 것 같았다. 바다에 울려 퍼지는 긴 고동 소리와 함께 중국 칭다오행 여객선은 안개 속 미지의 땅을 향해 전진하기 시작했다. 갑판 위에 오르니 부드럽게 넘실대는 파란 바다가 온 세상에 가득하다.

300명을 태울 수 있는 이 거대한 배는 노아의 방주를 연상케 했다. 나에게 이 여행은 노아가 방주를 지으라는 명령을 받았을 때와 같이 막연한 것이었다. 무엇을 해야 할지 전혀 몰랐다. 사람들의 걱정과 비난의 소리도 감내해야 했다. 어떤 이는 공부도 때가 있는 것이라며 학업부터 마치라고 했다. 또 어떤 이는 중도에 포기할 게 분명하니 애초에 무모한 짓은 시작도 하지 말라고 했다. 그렇지만 나는 꼭 하나님을 찾아야 했다. 주님이 나를 만나주시지 않으면 안 된다는 절박한 심정으로 그렇게 길을 떠났다.

배는 출렁거리는 검푸른 바다를 가르며 망망대해를 헤쳐 나갔다. 거대한 배를 움직이는 엔진의 진동이 발끝으로 끊임없이 전달되어 왔다. 낯선 환경이라 그런지 밤늦도록 잠을 못 이루고 뒤척이다 갑판으로 나왔다. 아무것도 보이지 않았다. 온 세상이 암흑이었다. 밤하늘에 별 하나쯤 빛나고 있으면 좋으련만 별도 달도 없이 칠흑 같은 어둠뿐이었다. 철썩이는 파도 소리와 얼굴을 스치는 차갑고 습한 바람만이 내가 살아있음을 느끼게 했다.

해가 떠오르기 직전이 가장 어둡다고 했던가? 내가 가야 할 길처럼 막막한 어둠 속에서 나는 잠잠히 서있었다. 국경과 환율, 비자 등 여행에 대한 기본적인 정보는 미리 알아보았지만 가져온 거라곤 세계지도와 나침반, 자전거, 기타, 텐트 그리고 신앙 서적 몇 권과 성경책뿐이었다. 그 흔한 가이드북도 없이 여행을 한다는 것이 막막했지만 주님께서 친히 나의 가이드가 되어달라고 간절히 기도했다. 그러나 여전히 불안함과 두려움은 나를 괴롭혔다.

'군대도 가야 하고 대학도 마쳐야 하는데 세월만 낭비하다가 다른 사람들에게 뒤처지는 것은 아닐까?'

'10개국 이상의 나라를 지나야 이스라엘까지 갈 수 있는데 겨우 50만 원으로 얼마나 버틸 수 있을까?'

심지어 이 거대한 배가 타이타닉 호처럼 저 깊은 바다 속으로 침몰하는 것은 아닐지 두렵기까지 했다. 한번 시작된 걱정은 꼬리에 꼬리를 물고 생겨났다.

그렇게 어둠 속에서 한참을 근심하며 서있는데 갑자기 바다 끝에서 한줄기 빛이 솟아올랐다. 어둠을 뚫고 찬란한 빛이 솟아나더니 숨막힐 듯 펼쳐진 광활한 바다 위로 눈부신 태양이 떠올랐다. 아침을 밝히는 붉은 햇살은 바다 물결 위에서 아름답게 반짝였다.

생각해보니, 이상하게도 노아의 방주에는 노도 없고 닻도 없었다. 사람의 계획이나 힘으로는 배를 움직일 수 있는 방편이 하나도 없었다는 것이다. 방주에 탄 노아의 가족이 할 수 있는 것은 그저 배를 디자인해주신 하나님의 계획을 믿는 것뿐이었다.

방주의 목적은 이동하는 것이 아니라 물 위에 떠 있는 것이었다. 몰아치는 거대한 빗줄기와 풍랑에 맞서 쓰러지지 않고 견디는 것이 방주의 목적이었다. 실제로 노아의 방주는 43미터의 쓰나미도 견딜 수 있게 설계되었다고 한다. 사람의 힘으로는 움직일 방법이 없었지만 하나님은 바람과 바다를 적절히 이용하여 방주를 안전하게 인도해가셨다.

비바람이 불어도 방주에만 올라타면 모든 것을 견뎌낼 수 있다. 몰아치는 풍랑에 배가 부서지고 침몰할 것 같지만 결코 바다는 방주를 삼킬 수 없다. 창조주 하나님이 바다를 만드셨기 때문이다.

첫 기도 응답

울렁이는 바다 위에서 20시간을 보내고 드디어 중국 대륙에 도착했다. 칭다오항에 내리자 중국 특유의 향신료 냄새가 코를 찔렀다. 배에서 짐을 내렸더니 사람들이 모두 놀란 표정으로 바라보았다. 자전거와 어쿠스틱 기타, 20킬로그램이나 되는 배낭은 실로 엄청나게 큰 짐이었다. 기타는 어깨에 메고 배낭은 자전거 뒤에 실으려는데 자전거가 무게를 지탱하지 못하고 계속 거꾸러졌다.

'휴, 이렇게 해서 이스라엘까지 갈 수 있을까?'

몇 시간을 자전거와 씨름한 끝에 겨우 짐을 실었다. 자전거는 교통비를 아낄 수 있을 것 같아 가져온 나만의 교통수단이었다. 자전거에 배낭을 싣고 등에는 커다란 기타를 매고 달리는 것이 만만치 않았다. 2시간 가까이 자전거를 타고 칭다오 거리를 헤매다 겨우 기차역을 찾았다. 대륙의 스케일을 뽐내기라도 하듯 기차역 광장이 드넓게 펼쳐져있었다.

광장의 중심에서 세계지도를 꺼내어 유심히 살폈다. 지도상으로는 다음 목적지 베트남으로 가려면 쿤밍이라는 도시까지 가야 했다. 쿤밍에서 자전거로 베트남과 캄보디아를 거쳐 태국에 도착하여 그곳에서 다시 배를 타고 인도로 건너갈 계획이었다. 중국에서 인도로 가는 길을 히말라야 산맥이 가로막고 있었기에 바닷길로 우회하는 경로를 택한 것이다.

펜으로 쿤밍에 표시를 하고 광장 한복판에서 무릎을 꿇었다. 그곳까지 가는 길에 돕는 사람들을 보내달라고 기도하는데 천사들이 하나둘 내 주위를 둘러싸 방언으로 기도하는 느낌이 들었다.

눈을 떠보니 천사들이 아니라 호기심 많은 중국인들이 몰려들어 웅성대고 있었다. 무리 사이를 헤집고 매표소로 향했다. 표를 사기 위한 행렬이 어마어마했다. 3시간을 기다리고서야 겨우 매표소 앞에 다다랐다.

중국어를 할 줄 몰랐기에 무조건 도시 이름 '쿤밍'을 외쳤다. 그러나 전혀 의사소통이 되지 않았다. 내가 외국인임을 개의치 않고 쉴 새 없이 중국어로 말해대는 매표원 앞에서는 영어도 쓸모가 없었다. 내 뒤로 표를 사기 위해 줄을 선 행렬은 홍해 앞에 선 이스라엘 백성들처럼 역 밖 광장까지 끝없이 이어지고 있었다. 나중에 알고 보니, 그때 중국은 가장 큰 명절인 '춘절'을 맞아 수많은 인파가 고향을 찾아 이동하는 기간이었다.

결국 표는 사지 못했다. 언어가 통하지 않으니 아무것도 할 수 없었다. 외국에 나오면 당장에 기적이라도 일어날 줄 알았는데 차가운 현실은 그대로였다. '하나님, 어떻게 하면 좋겠습니까? 제발 응답 좀 주세요. 표를 구해주세요!' 어린아이처럼 떼를 쓰며 기도하는 중에 갑자기 이런 생각이 스쳤다.

'기차역을 돌며 애국가를 불러보아라.'

너무 황당해서 과연 하나님이 주신 생각인지 혼란스러웠지만 달리 방법이 없으니 믿고 순종할 수밖에 없었다. 창피함을 무릅쓰고 애국가를 부르며 역 광장을 돌았다. 지나가던 사람들은 수군거렸고 근처 바닷가에서 불어오는 바람은 매섭기만 했다. 한참을 추위에 떨며 광장을 도는데, 갑자기 한 여자가 다가와 말을 건넸다.

"혹시 한국 사람이세요?"

20대 후반 정도로 보이는 조선족 누나였다. 기차역을 지나다 나를 발견하고는 왜 애국가를 부르는지 궁금해서 말을 걸었다고 했다. 자초지종을 설명했더니, 기차표 구하는 것을 도와주겠다고 했다. 그로부터 기차표를 사는 데 3시간, 화물칸에 자전거를 싣고 기차를 탈 때까지 무려 6시간 동안 조선족 누나는 내 옆에서 필요한 모든 것을 도와주었다. 우연히 누군가가 도움을 준 것이라고 말할지도 모르겠다. 하지만 앞으로 이 여정에서 일어날 수많은 기적과 같은 사건을 보고 나면 하나님이 어떤 분이신지 알게 될 것이다.

기차에 올라타기 전에 가방에서 사영리 책자를 꺼내 조선족 누나에게 복음을 전했다. 먼저 그의 나라와 의를 구하면 하나님이 내 여행을 책임져주시리라는 생각에 전도 책자를 잔뜩 가져왔던 터였다. 놀랍게도 누나는 영접기도까지 따라했다. 내 마음속에서 뜨거운 무언가가 요동쳤다. 요나가 겪었던 것처럼, 내 믿음의 크기와 상관없이 하나님의 복음은 살아서 역사하고 있었다.

요나가 여호와의 말씀대로 일어나서 니느웨로 가니라 니느웨는 사흘 동안 걸을 만큼 하나님 앞에 큰 성읍이더라 요나가 그 성읍에 들어가서 하루 동안 다니며 외쳐 이르되 사십 일이 지나면 니느웨가 무너지리라 하였더니 니느웨 사람들이 하나님을 믿고 금식을 선포하고 높고 낮은 자를 막론하고 굵은 베 옷을 입은지라 _욘 3:3-5

사흘 동안 걸어야 할 만큼 큰 성읍에서 요나는 단 하루 동안 복음을 전했지만 말씀은 살아 역사하여 니느웨에 큰 회개의 부흥을 가져다주었다. 내 믿음의 크기와 상관없이 복음은 그 자체로 능력이 있는 것이다. 하나님은 세계 각지에 구원하기로 작정하신 그의 자녀들을 예비해두셨으며, 다만 그들은 복음을 전해줄 자들을 애타게 기다리고 있다.

조선족 누나는 되레 나에게 고맙다며, 사실 어머니가 자신을 위해 오랫동안 기도하고 있다는 얘길 털어놓았다. 어릴 적엔 엄마를 따라 교회에 다녔는데 지금은 사는 것이 너무 힘들고 고달파서 하나님을 떠나 살고 있다는 것이다. 그런 자신을 하나님이 사랑하실까 고민했는데 이젠 다시 교회에 나가겠다고 약속까지 했으니 조선족 누나는 내 여행의 첫 기도 응답이자 첫 열매였다.

60시간의 열차 여행

조선족 누나와는 아쉬운 작별 인사를 나누고 열차에 올라탔다. 연

하나님을
찾아서

탄 타는 매캐한 냄새에 목이 칼칼하다. 알고 보니, 내가 탄 열차는 등급이 가장 낮은 완행열차인 데다 딱딱한 의자 칸(잉쭈어)이었다. 열차 안은 인산인해를 이루고 있었다. 화장실 주변이나 통로, 의자 밑까지 사람들이 가득하고 선반엔 짐들이 빼곡하게 쌓여있었다. 온갖 냄새가 뒤섞여 푹 익어버린 공기에 숨이 턱 막혔다. 앞으로 3일 밤을 이 열차 안에서 견뎌야 한다.

간신히 자리를 찾아 앉았다. 목적지인 쿤밍까지 60시간이 넘게 걸린다니 각오를 단단히 했다. 밤이 되자, 얼었던 몸이 녹으며 슬슬 졸음이 쏟아졌다. 딱딱한 직각 의자에서 자는 것은 고문과도 같았다. 마주 앉은 사람과 너무 가까워 무릎조차 제대로 펼 수 없었다. 옆자리에는 갓난아기를 안은 젊은 엄마가 앉았는데, 배가 불룩하니 임신한 상태였다. 엄마 무릎에 앉긴 아기는 내 무릎을 베개 삼아 잠이 들더니 시간이 지나자 아예 내 품에 안겨버렸다. 아기 엄마가 측은하여 깨우지도 못한 나는 결국 아기를 안고 뜬 눈으로 밤을 지새웠다. 지나가는 중국인들은 내가 아빠라도 되는 줄 알고 아기를 쓰다듬으며 알아들을 수 없는 말을 내뱉었다.

새벽녘에는 꾸벅꾸벅 졸다가 다리가 뜨끈해서 깨보니 아기가 내 바지에 쉬를 했다. 그런데도 아기 엄마는 코까지 골며 태평스럽게 자고 있는 것이 아닌가! 어이가 없어 아기 엄마를 깨우려다 간신히 참았다. 조용히 아기를 내려놓고 화장실로 향했다. 옷을 비누로 빨며 베드로처럼 주님께 물었다.

"주여 형제가 내게 죄를 범하면 몇 번이나 용서하여 주리이까?"(마 18:21)

당시만 해도 많은 중국인들이 아기에게 기저귀를 채우지 않았다. 가랑이 사이가 터진 옷을 입혀 그냥 그 자리에서 용변을 보게 하는 것이 보통이었다.

통로와 화장실 주위에는 발 디딜 틈도 없이 사람들이 빼곡했다. 화장실 근처에 서있던 아저씨는 밤새 딸아이를 업고 있었던 모양이다. 통로에 앉아있는 사람들과 의자 밑에 누운 사람들을 혹여나 밟기라도 할까 봐 조심스레 내 자리로 돌아왔다.

곤히 잠든 아기 엄마와 아기를 보며 내 마음의 크기를 깨달았다. 처음에는 불쌍한 마음이 들었지만, 간밤에 그들 때문에 내가 힘들고 고생스러워지니 그 마음이 분노로 바뀌었던 것이다. 인정하고 싶지 않지만, 그게 내 마음의 크기였다.

'동정'과 '긍휼'이라는 단어는 비슷한 듯 하지만 그 사이엔 분명한 차이가 있다. 동정은 '상대의 처지를 딱하고 가엾게 여기는 마음'을 뜻하지만, 긍휼은 '불쌍히 여기며 돌보아주는 것'을 뜻한다. 동정은 누구나 할 수 있지만 긍휼은 그렇지 않다. 돌보아준다는 것은 그 사람이 지고 있는 무거운 짐을 함께 들어주는 것이기 때문이다. 제자들은 사람들을 동정했던 반면, 예수님은 가난하고 병든 자들을 긍휼히 여기셨다. 예수님은 우리에게 긍휼을 원하시지 동정을 원하시지 않는다.

지친 몸으로 밤새 열차 안에 서있어야 하는 것은 정말 고통스러운 일이었다. 하지만 내 죗값을 감당하신 예수님의 사랑을 묵상했더니 신기하게도 내 마음에 조금씩 긍휼함이 솟아났다.

> 긍휼히 여기는 자는 복이 있나니 그들이 긍휼히 여김을 받을 것임이요 _마 5:7

마음이 바뀌어서였을까? 그 뒤로 쿤밍까지 가는 3일 내내 하나님의 은혜를 경험했다. 장거리 기차 문화에 익숙하지 않아 먹을 것을 전혀 준비하지 못했는데, 건너편에 앉은 대학생들이 닭다리와 계란을 나눠주는 등 주변 사람들을 통해 풍성하게 먹게 하셨다. 게다가 중국 대학생들에게 사영리로 복음을 전할 기회도 허락하셨다.

거리의 아이를 통해 말씀하신 성령님

쿤밍에서 열심히 자전거를 타고 베트남을 향해 달렸다. 중국 쪽 국경 도시 허커우를 지나 베트남의 국경 마을 라오카이에 도착했다. 어느 나라든지 국경 마을에는 은행이나 환전소가 있기 마련이다. 일단 안전하게 환전을 하기 위해 은행을 열심히 찾아다녔다. 더위에 지쳐 잠시 야자수 그늘 아래에서 쉬고 있는데, 열 살 정도 되어보이는 남자아이가 계속 귀찮게 굴었다. "체인지 머니!"를 외치며 아침부터 따라다니더니 급기야 자전거를 타봐도 되냐, 기타를 쳐보라는 등 끊임없이 괴롭혔다. 검게 그을린 피부에 머리는 부스스한 데다 좋지 않은 냄새까지 났다. 해가 중천에 떠오르니 나무 그늘마저 없어져 뜨거운 열기를 피할 길이 없었다. 사라진 박 넝쿨 아래에서 불평하던 요나처럼 내 안에서도 원망과 불평이 올라왔다. 안 되겠다 싶어 아이를 쫓아내려는 순간, 아이는 흥미로운 눈빛으로 내 목에 걸린 나무 십자가 목걸이가 뭐냐고 물어왔다. 그 순간 불평하던 마음속에 성령님의 세밀한 음성이 들려왔다.

'내가 이 아이를 사랑한다.'

하나님은 니느웨를 아끼는 마음을 요나에게 보이셨듯이, 내게 이 아이를 아끼고 사랑하는 마음을 알게 하셨다.

> 하물며 이 큰 성읍 니느웨에는 좌우를 분변하지 못하는 자가 십이만여 명이요
> 가축도 많이 있나니 내가 어찌 아끼지 아니하겠느냐 하시니라   _욘 4:11

갑자기 미안한 마음이 들었다. 얼른 배낭에서 사영리 책자를 꺼냈다. 그리고 나무 십자가 목걸이를 보여주며 최대한 또박또박 아이가 알아들을 수 있도록 쉽게 복음을 전했다.

아이는 십자가 이야기를 좋아했다. 예수님이 널 사랑한다고 말했을 때, 아이의 눈빛이 강물처럼 빛났다. 아이는 머뭇거리면서 사랑한다는 말을 처음 들어봤다고 말했다. 부모가 아이를 버리고 떠났는지, 지금은 병든 할머니와 단 둘이 살고 있었다. 아이는 이 세상에 자신을 사랑하는 존재가 있으리라고는 생각도 못해봤을 것이다. 더럽고

냄새나는 거리의 버려진 아이를 그 누가 사랑하겠는가?

그런데 예수님이 사랑하신단다. 죽기까지 사랑하신단다. 주님은 아직 복음을 듣지 못한 그의 자녀들을 자신이 얼마나 아끼고 사랑하는지 내게 보여주셨다. 겉모습만 보고 사람을 판단하던 내게, 주님은 영혼을 사랑해야 한다고 가르쳐주셨다.

나는 미안한 마음에 아이에게 베트남 돈을 환전하고 싶다고 했다. 아이의 눈에 생기가 돌았다. 아이는 신이 나서 십자가 이야기를 들려주었으니 특별히 가장 좋은 가격에 환전을 해주겠단다. 나중에 베트남 전역을 지나며 알게 되었는데 어떤 은행도 이 아이만큼 좋은 가격에 환전해준 곳은 없었다.

합리적인 판단과 세상의 원리대로 살아가려 할 때, 십자가는 늘 나 자신이 어떤 존재인지를 알려준다. 세상 죄를 지고 가신 예수님께 나아가면 나의 교만한 마음은 부끄러운 것이 된다. 십자가 아래 서면 누구든지 자신이 벌레만도 못한 존재임을 알게 된다.

> 그러나 내게는 우리 주 예수 그리스도의 십자가 외에 결코 자랑할 것이 없으니 그리스도로 말미암아 세상이 나를 대하여 십자가에 못 박히고 내가 또한 세상을 대하여 그러하니라
> _갈 6:14

CHAPTER 2

순례
여행

이 세상에 결코 안전이 보장된 삶은 없다. 크고 넓은 길로 가든 험준한 산길을 가든 어느 곳에나 위험은 도사리고 있다. 다만 예수님과 동행하는 것이 안전한 길의 핵심이다. 그렇기에 예수님이 가라 하신 좁은 길, 좁은 문은 오히려 더 안전한 길이다. 그곳으로 가면 이미 그 길을 걸어가신 예수님이 나와 동행하시기 때문이다.

내 계획이 아닌
하나님의 계획으로

가장 행복했던 만남

베트남은 남북으로 길게 뻗어있는 나라다. 그 거리가 2천 킬로미
터가 넘는데, 나는 자전거 손잡이에 달아둔 나침반을 보며 무조건 남
쪽으로 내달렸다.

열대 식물이 무성하게 드리워진 3월의 동남아는 뜨거웠다. 온도계
를 보니, 붉은 액체가 터질 듯 솟구치며 섭씨 40도를 오르내렸다. 새
벽 일찍 일어나 땡볕을 피해 자전거를 타야 했다. 태양이 이글거리는
정오에는 그늘을 찾아 쉬었는데 그렇게 하지 않으면 탈수나 일사병
으로 쓰러질 수 있다. 나는 아무리 무더운 여름에도 땀을 흘려본 적

이 없을 정도로 땀이 나지 않는 체질이다. 그런데 뜨겁고 습한 동남아에서 매일 10시간씩 자전거를 탔더니 온몸의 땀샘이 터져 처마에서 장맛비 떨어지듯 땀방울이 흘러내렸다.

처음으로 어떤 목적을 가지고 자전거를 탄 것은 열여섯 살 때였다. 해가 뜨기도 전에 일어나 신문사에 가서 신문 100부를 자전거에 가득 싣고 두 시간 넘게 동네를 돌았다. 살을 에는 듯한 겨울바람을 맞으며 비나 눈이 오는 날이면 넘어지기도 하고 다치기도 했지만 개의치 않고 신문을 돌렸다.

그 무렵, 나는 예수님의 깊은 사랑을 경험했다. 새벽마다 하나님께 나아가 한마디 기도를 반복했다.

"예수님, 나 같은 사람도 사랑하시나요?"

나 자신이 너무 더럽고 무가치해 보여 늘 두려운 마음으로 주님께 나아갔다. 한번은 기도 중에, 십자가에 달리신 예수님의 모습이 보였다. 무거운 가시 면류관이 예수님의 머리를 파고들어 붉은 피가 얼굴을 타고 흘러내렸다. 그런데 그 가시가 내가 지금까지 예수님의 마음을 찢어놓았던 죄의 가시들이었다. 그러자 두렵고 부끄러워 견딜 수가 없었다.

피투성이가 되신 예수님은 "네가 어떠한 모습이든지 나는 너를 포기하지 않는다."고 말씀하셨다. 그때 나는 예배당 마룻바닥이 다 젖을 정도로 눈물을 흘리며 통곡하고 회개했다.

그 이후로 내 삶은 변했다. 게임에 빠져 부모님의 주머니까지 뒤지며 오락실에 다녔던 내가 예수님을 만나고부터 갑자기 게임을 멀리했다. 다시는 오락실에 발을 들이지 않았다. 새벽 4시에 울리는 알람 소리에 일어나 신문사로 향했다. 어떤 날은 새벽 3시에 일어나 일찌감치 신문을 돌리고 새벽 예배에 참석하기도 했다. 예배는 내게 가장 행복한 시간이었다.

자전거를 타고 베트남 구석구석을 달리며 시시때때로 그 행복을 찾고자 노력했다. 주일이 언제인지도 제대로 알 수 없고 교회를 찾아 예배드릴 수도 없었지만 틈만 나면 성경을 읽고 기도했다. 자전거를 타며 이동하는 동안에도 끊임없이 예수님을 묵상하며 다시 나를 만나달라고, 회복시켜달라고 간절히 부르짖었다.

끝이 없을 것만 같은 길을 달리고 또 달렸다. 그러다 어두워지기 전에 텐트 칠 만한 자리를 물색했다. 날이 저문 후에는 텐트 안에서 손전등을 켜고 성경을 읽었다. 한글 성경, 영어 성경과 함께 챙겨온 존 번연의 《천로역정》과 조지 뮬러의 전기를 다시 읽었다. 두 책은 내 신앙에 가장 큰 영향을 끼친 책이다. 진리를 찾아 길을 떠나는 천로역정의 주인공처럼 나도 진리를 찾고 싶었다. 또한 삶의 모든 부분을 하나님이 책임져주시리라 믿고 기도했던 조지 뮬러처럼 나도 하나님을 전적으로 신뢰하고 싶었다.

어느 날, 저녁 무렵 텐트 칠 자리를 살피는데 갑자기 천둥 번개가 쳤다. 그러다 곧 굵은 빗방울이 떨어지기 시작했다. 서둘러 공터에 텐트를 설치해 짐들을 던져 넣고 몸을 피했다. 공터 옆으로 도랑이 흐르는 것이 마음에 걸렸지만 달리 마땅한 장소가 없었다.

종일 자전거를 탔더니 잠이 쏟아졌다. 하지만 빗소리와 천둥소리에 잠을 제대로 잘 수 없었다. 밤사이 도랑이 넘쳐 텐트를 덮칠까 봐 걱정이 되었다. 그렇게 자는 둥 마는 둥 밤을 보내다가 새벽녘에 등이 축축해서 깨보니, 도랑물이 넘쳐 텐트 밑으로 차올랐다. 다행히 배낭은 방수 커버로 덮어두어 젖지 않았는데, 밤에 읽다가 텐트 구석에 두었던 성경은 모두 젖고 말았다. 서둘러 비옷을 꺼내 입고 짐들을 꾸렸다. 번쩍거리는 번개의 섬광과 고막이 찢어질 듯한 천둥의 굉음에 심장이 쿵쾅거렸다. 칠흑 같은 어둠 속에서 비를 맞으며 다시 페달을 굴렸다.

시원한 바람을 맞으며 예수님을 묵상할 땐 마음이 그토록 평화로웠는데, 이렇게 상황이 바뀌니 마치 예수님이 내 곁에 안 계신 것처럼 불안했다. 풍랑 앞에서 두려워 떨던 제자들에게 "어찌하여 무서워하느냐 믿음이 작은 자들아"(마 8:26)라고 말씀하시던 예수님이 내게도 그렇게 물으시는 것 같았다.

빗물이 눈과 입으로 흘러들었다. 천둥 번개는 여전했고, 앞이 제대로 안 보일 정도로 캄캄했다. 손전등을 자전거 앞머리에 묶어 달았지만 겨우 몇 미터만 비출 뿐이었다. 문득, 신문을 배달하던 때가 생각났다. 주님의 은혜가 정말 감격스러워서 비를 맞으면서도 주님을 찬양했었는데……. 억수같이 내리는 빗속에서 다시금 하나님을 간절히 부르며 페달을 굴렸다. 나를 다시 만나달라고, 하나님을 향한 사랑을 회복시켜달라고 부르짖었다. 빗물에 온몸이 젖었지만 용기가 생기기 시작했다. 포기할 수 없는 길을 떠나왔다는 생각에 이를 악물고 견뎠다.

끝이 없을 것 같던 어둠 속을 몇 시간 달렸더니 어느새 비가 그치고 아침 해가 떠올랐다. 기나긴 밤이었다. 나무 그늘 아래에 자전거를 세워두고 털썩 주저앉아 안도의 한숨을 내쉬었다.

칠흑 같은 어둠과 비바람을 헤쳐 나올 땐 끝이 없어 보였는데, 언제 그랬냐는 듯 뜨거운 햇살이 나를 감쌌다. 따사롭게 내리쬐는 햇볕 아래에 젖은 텐트와 옷을 나무에 걸어 말렸다. 햇볕이 얼마나 강렬한지 젖었던 물건들이 금세 말랐다. 물에 젖은 성경은 결국 종이가 모두 붙어버려서 나중에 천 페이지가 넘는 종이를 한 장씩 떼어내야 했다. 다시 자전거에 올라 길을 가는데 산 너머로 무지개가 떠올랐다. 힘든 때를 견디고 헤쳐 나오면 반드시 밝은 빛을 보게 된다는 것을 새삼 깨달았다.

빛이 비취면 어둠은 있을 곳이 없다. 하나님의 은혜가 그와 같다는 생각이 들었다. 마음 깊은 곳에 어둡게 드리워진 커튼을 활짝 열면 찬란한 태양빛이 쏟아져 들어와 어둠 가운데 있던 성도를 비춘다. 성경이라는 창문을 통해 성도는 자신과 온 우주를 비추는 하나님의 은혜의 빛을 볼 수 있다.

주의 말씀을 열면 빛이 비치어 우둔한 사람들을 깨닫게 하나이다 _시 119:130

사라진 노트

자전거를 타고 베트남의 시골길을 가로지르면 수많은 아이들이 쫓아오는가 하면 함성을 지르며 손을 흔들어주는 이들도 있다. 하지만 늘 환영만 받은 건 아니었다. 베트남을 지나는 동안 나를 쫓아온 개들만 해도 1개 중대는 될 것이다. 베트남의 개들은 스스로 맹수라 자부하는 건지, 나를 못 잡아먹어 안달이었다. 주먹만 한 강아지마저도 나를 사냥감으로 여기고 쫓아왔다. 어떤 지역에서는 개들을 물리치기 위해 긴 막대기를 허리에 차고 다녀야 했다.

한번은 자전거를 타고 가는데, 이상하게 허전한 느낌이 들었다. 자전거 바퀴에 바람이 새는지 살펴보았는데 아무 이상이 없었다. 배낭을 꺼내 짐들을 체크해보았더니 여행 노트가 사라졌다. 육로로 이스라엘까지 가는 데 필요한 모든 정보들이 적힌 노트였다. 목적지까지의 경로와 각 나라의 환율, 비자는 어디서 받아야 하는지 등 한국에서 두 달 동안 준비하며 모은 정보였다. 그 노트를 잃어버리다니, 큰일이었다! 놀란 가슴을 쓸어내리고 차근차근 생각해보았다. 5일 전

하나님을
찾아서

빛이 비춰면 어둠은 있을 곳이 없다.

하나님의 은혜가 그와 같다는 생각이 들었다.

마음 깊은 곳에 어둡게 드리워진 커튼을 활짝 열면

찬란한 태양빛이 쏟아져 들어와

어둠 가운데 있던 성도를 비춘다.

일이 떠올랐다. 그날 노트를 펼친 것이 마지막이었다.

그날도 해질 무렵, 풀밭에 돌을 고르고 텐트를 치고 있었다. 그때 어디선가 검은색 세단 한 대가 다가와 멈춰 섰다. 운전석에 앉은 중년 남자가 베트남어로 말을 걸었다.

"우리를 따라오십시오."

조수석에 앉은 청년이 유창하지는 않지만 어느 정도 영어를 할 줄 알았다. 영문도 모른 채 자전거와 짐을 자동차 트렁크에 싣고 남자들을 따라나섰다. 한참을 가더니 어느 건물 앞에 멈춰 섰다.

"여기는 어디죠? 왜 저를 이곳으로 데리고 온 겁니까?"

중년 남자는 그곳에 있는 남자들과 심각하게 이야기를 나누더니 담배를 깊이 빨아 숨을 크게 몰아쉬고는 말했다.

"당신이 자려던 곳은 뱀이 자주 출몰하는 아주 위험한 곳이요. 이곳을 지나는 여행객 같은데, 오늘은 이곳에서 하룻밤 묵는 것이 안전할 것 같소."

알고 보니, 그곳은 경찰서였다. 그들은 위험한 곳에 텐트를 치는 낯선 외국인을 발견하고는 경찰서로 데려다준 것이었다. 청년의 통역으로 이런저런 이야기들을 나누고 있는데, 그 와중에 중년 남자가 한글이 어떻게 생겼는지 보고 싶어 했다. 아무 생각 없이 배낭에서 꺼낸 것이 그 노트였다. 그들은 노트를 돌려 보며 한글이 참 그림 같다고 신기해했다. 그렇게 그곳에서 하룻밤을 묵고 떠나올 때 노트를 두고 나온 것이다.

하루에 100킬로미터 정도 남쪽으로 이동하기를 5일. 그 경찰서에서 최소한 400킬로미터를 넘게 내려온 상황이었다. 다시 그곳까지 갔다 오려면 왕복 800킬로미터를 달려야 한다. 하지만 노트 없이 떠나자니 덜컥 걱정이 앞섰다. '이스라엘까지 가려면 아직 한참이 남았다. 여행 초반에 이런 일이 벌어지다니. 과연 아무 정보도 없이 무사히 이스라엘까지 갈 수 있을까?' 나는 그 자리에서 기도했다. 다시 돌아가서 노트를 찾아와야 할지, 아니면 계속 남쪽으로 내려가야 할지, 막막한 마음에 하나님께 무릎을 꿇었다.

'주님, 어떻게 해야 하죠?'

기도해도 별다른 응답이 없었다. 말씀을 읽어야겠다는 생각이 들어 마태복음부터 읽기 시작했는데 6장 34절 말씀이 눈에 들어왔다.

> 그러므로 내일 일을 위하여 염려하지 말라 내일 일은 내일이 염려할 것이요 한 날의 괴로움은 그 날로 족하니라

곰곰이 생각해보니, 염려한다는 것은 나의 삶을 인도하시는 분을 전적으로 신뢰하지 않는다는 말이다. 교회 관리인으로 평생 운전을 하셨던 아버지가 차를 몰 때는 옆자리에 앉아 편안하게 잠이 들곤 했다. 하지만 뒤늦게 면허를 따고 접촉사고를 두 번이나 낸 엄마가 운전할 때는 절대 잠을 잘 수 없었던 것과 같은 이치였다.

우리 삶을 인도하시는 하나님이 어떤 분인지 안다면 어느 길로 가

든 평안하게 안식을 누릴 수 있다. 결국 나의 발걸음을 최선의 길로 인도하시는 주님께 모든 것을 맡겨드리기로 결심했다. 갑자기 마음 깊은 곳에서 알 수 없는 평안이 파도처럼 밀려왔다.

'그 노트는 네가 실수로 놓고 온 것이 아니라 내가 가져간 것이다. 앞으로 나의 계획으로 너를 인도하겠다.'

영혼 깊은 곳에서 울려 퍼지는 성령님의 음성에 나를 사로잡고 있던 모든 염려가 사라졌다. 주님께 모든 것을 맡겨드렸더니 복잡했던 마음이 명확하고 분명해졌다. 나의 삶을 이끄시는 하나님이 가야 할 길을 밝히 보여주실 것이다.

> 내가 네 갈 길을 가르쳐보이고 너를 주목하여 훈계하리로다　　　　_시 32:8

내가 가진 계획을 굳게 의지하고 있으면 주님은 나를 완전하게 인도하실 수 없다. 나의 계획대로만 산다면 주님께 간절히 간구할 필요도 없다. 그렇지만 매 순간 하나님의 계획을 구하며 산다면 주님의 뜻을 발견하기 위해 더욱 간절히 기도하게 된다. 그 노트를 잃어버리고 나서 나는 오히려 자유로워졌다. 나의 계획이 내 손에 들려있을 때는 계획대로 안 될 때마다 좌절하고 원망하는 마음이 생겼는데, 주님께 모든 것을 맡겨드리니 어느 곳을 가든 누구를 만나든 주님이 날 인도하고 계심을 느낄 수 있었다.

그렇다. 그날 주님은 내가 의지하던 '나의 계획'을 가져가신 것이

하나님을
찾아서

다. 그 일 이후로 이스라엘까지 가는 경로는 완전히 달라졌다. 생각지도 못했던 사람들을 만났고 상상할 수도 없는 방법으로 이끌림을 받았다. 그때 깨달았다. 나의 계획을 내려놓을 때, 비로소 주님의 선하신 계획대로 인도함을 받을 수 있다는 것을!

사람의 마음에는 많은 계획이 있어도 오직 여호와의 뜻만이 완전히 서리라

_잠 19:21

평생을 버틸 힘

베트남 최남단에 있는 호치민을 최종 목표로 두고 지도에 표시한 각 도시들을 거점으로 삼으며 이동했다. 길을 잃을 가능성이 가장 큰 곳은 길이 나뉘는 지점이다. 끝까지 가봐야 제 길인지 아는 경우도 있지만, 우선 갈림길을 만나면 반드시 몇 번이고 확인하고 가야 한다. 잘못된 길로 들어섰다는 것을 알았을 때는 고민하지 말고 즉시 돌아나와야 한다. 몇 번의 시행착오를 거치자 이젠 갈림길을 만나면 더욱 신중하게 확인하며 이동했다.

날마다 자전거를 타고 다니던 그때 내 허벅지엔 아물지 않은 상처가 남아있었다. 학교에 휴학계를 내고 여행을 준비하는 중에 하지정맥류 수술을 받았기 때문이다. 태어날 때부터 왼쪽 다리 허벅지에 파란 핏줄들이 튀어나와있어서 늘 부모님의 걱정이었다. 자라면서 별

문제가 없었는데, 가끔 왼쪽 허벅지에 감각이 없어지는 것 같아 병원에 갔더니 빨리 수술을 해야 한다고 했다. 그 때문에 군 입대 신체검사에서도 4급을 받았을 만큼 쉽게 볼 문제는 아니었다. 그래서 이스라엘까지 갈 준비를 하면서 수술을 했다. 몇 차례에 걸쳐 수술이 진행되었기에 한 달이나 병원에 입원해 있었다. 충분히 회복할 시간도 없이 퇴원하자마자 외국으로 나온 터라 주위 분들의 걱정이 이만저만이 아니었다.

그런데 막상 몸을 던져놓고 보니 나의 의지를 초월하는 전능자의 손이 나를 이끌고 있다는 믿음이 생긴다. 내 의지로는 며칠도 버티기 힘들 텐데 주님이 도우시기에 이 힘든 시간들을 견뎌내고 있는 것이다. 하나님이 함께하신다면 평생이라도 버틸 힘을 주실 것이라는 믿음이 생겼다. 자전거 페달을 밟으며 베트남 남쪽을 향하는 동안 다리에 남아있던 딱지들도 모두 떨어져 나갔다.

반복되는 풍경에 지루해지다가도 오르막이 끝나거나 길의 코너를 도는 순간 갑작스레 펼쳐지는 풍광을 만나면 가슴이 뻥 뚫리는 것 같았다. 인생길도 그와 같지 않을까 하는 생각이 들었다. 눈앞에 무엇이 나타날지 뻔히 보이는 삶보다 무슨 일이 일어날지 모르지만 앞으로가 기대가 되는 삶이 더 즐겁지 않겠는가?

이 세상에 결코 안전이 보장된 삶은 없다. 크고 넓은 길로 가든 험준한 산길을 가든 어느 곳에나 위험은 도사리고 있다. 다만 예수님과 동행하는 것이 안전한 길의 핵심이다. 그렇기에 예수님이 가라 하신 좁은 길, 좁은 문이 오히려 더 안전한 길이다. 그곳으로 가면 이미 그 길을 걸어가신 예수님이 나와 동행하시기 때문이다.

여호와의 이름은 견고한 망대라 의인은 그리로 달려가서 안전함을 얻느니라

_잠 18:10

한밤중의 어부 아저씨

푹푹 찌는 날씨에 하루 종일 자전거 페달을 굴리기 위해서는 한국에서보다 몇 배의 에너지가 필요했다. 아침에는 주로 한국에서 가져온 미숫가루를 물에 타먹었다. 점심엔 식당에서 쌀국수를 사먹거나 현지인들에게 한 끼 얻어먹기도 했다. 그러다 저녁이 되면 강 주변에 텐트를 치고 물고기를 잡아먹으며 부족한 영양을 보충했다. 낚시를 하게 된 데에는 사연이 있다.

빈에서 동호이로 향하던 때였다. 날이 어둑해질 무렵, 자전거를 강둑에 세우고 텐트 칠 자리를 고르게 골랐다. 아침 강물에 비치는 햇살을 보며 묵상하고 싶은 마음에, 강을 바라볼 수 있는 방향으로 텐트를 쳤다. 강이 있는 곳에 텐트를 치면 밤이나 아침에 몸을 씻을 수 있어서 좋았다.

어둠이 짙게 내린 한밤중 깊은 잠에 빠져있다가 밖에서 나는 이상한 소리에 잠이 깼다. 긴장된 마음으로 텐트 지퍼를 내리고 주위를

하나님을
찾아서

살폈는데 아무것도 없었다. 다시 잠을 청하려는데, 강물에서 묵직한 무엇인가가 움직이며 출렁거리는 소리가 들렸다. 다시 나가 손전등으로 자세히 비추어 살폈다. 놀랍게도 사람 머리 같은 것이 보였다가 사라졌다. 헛것을 본 건가 싶어 어리둥절해하는 사이에 갑자기 강물에서 사람이 걸어 나왔다. 너무 놀라 텐트에 걸려 넘어질 뻔했다. 40대로 보이는 베트남 남자가 나를 보고 자신을 따라오라고 손짓을 했다. 한밤중에 갑자기 물속에서 나온 사람을 어떻게 믿을 수 있겠는가? 나는 배낭에 있던 칼을 꺼내 카고 바지 주머니에 재빠르게 넣었다.

그는 강 하류 쪽으로 한참을 걸어가더니 다시 강물로 첨벙 뛰어들었다. 그리고 내게도 들어오라고 손짓을 했다. 윗옷을 벗고 칼을 넣어둔 바지 주머니에 손을 대고 천천히 물속으로 들어갔다. 하류 쪽으로 좀 더 내려간 그는 두 손으로 무언가를 열심히 꺼내 올렸다. 놀랍게도 그가 거머쥔 것은 수많은 물고기들을 잡아올린 그물이었다. 그제야 안도의 한숨을 내쉬고 그와 함께 힘껏 그물을 끌어올렸다. 물고기를 그물에서 건져내서 양동이에 담는 그의 손놀림이 예사롭지 않았다.

그는 어부였다. 그 깊은 사연은 언어 소통의 문제로 알 길이 없었지만 사십이 넘은 나이에 강가 오두막집에서 홀로 물고기를 잡으며 생활하고 있었다. 새벽에 일어나 쳐놓은 그물을 거두고 낮에는 마을로 가서 물고기를 팔았다. 어부 아저씨와 나는 잡은 물고기를 들고 그의 집으로 갔다. 참 초라하고 허름한 오두막집이었다.

그곳에서 물고기를 잡으며 사흘을 지냈다. 어부 아저씨는 내게 작살이나 낚시 줄을 이용해 물고기 잡는 법을 알려주었다. 내가 물고기를 잡는 동안 아저씨는 불을 피우고 물고기를 구웠다. 노릇노릇 잘 익은 물고기를 소금에 찍어먹는 맛이 기가 막혔다. 낮에는 아저씨와 함께 5킬로미터 떨어진 마을로 가서 물고기를 팔았다. 모두가 내게는 새로운 경험들이었다.

어부 아저씨는 내가 기타 치며 찬양하는 것을 참 좋아했다. 그동안 홀로 외딴 곳에서 생활하는 것이 얼마나 쓸쓸하고 외로웠겠는가? 감정을 나눌 사람이 없다는 것은 정말 슬픈 일이라는 생각이 들었다.

그곳을 떠나기 전날 밤, 세계지도를 펼쳐 내가 앞으로 거쳐야 할 도시들과 캄보디아와 태국 그리고 바다 건너 인도와 이스라엘까지 손가락으로 짚고 나서 자전거를 가리켰다. 내가 육로로 이스라엘까지 가려고 한다는 것을 이해했는지 두 눈이 휘둥그레졌다. 그러고는 내가 굶지나 않을까 걱정이 되었는지 마른 음식들과 베트남 과자를 있는 대로 챙겨주었다. 낚싯줄과 바늘까지 선물해주었다. 그 낚시 도구들은 꽤나 유용하게 쓰였다. 여행을 하다 강을 만날 때면 어부 아저씨에게 배운 대로 물고기를 잡아먹었다.

한국에서 배를 타고 떠나왔던 날, 나는 무엇을 먹을지 어디에 누울지 막막하고 두려웠다. 그런데 주님은 사랑하는 자녀를 친히 먹이고 누이셨다. 그렇게 어디인지도 정확히 알 수 없는 베트남의 한 시골마을에서 나는 텐트에 누워 나의 목자이신 예수님을 생각했다. 그럴 때면 한없는 하늘의 평안이 밀려왔다.

> 그는 목자같이 양 떼를 먹이시며 어린 양을 그 팔로 모아 품에 안으시며 젖먹이는 암컷들을 온순히 인도하시리로다 _사 40:11

킬링필드를 지나
주님을 만나다

캄보디아 Cambodia

누구의 말을 듣고 있는가

한 달 동안 베트남을 종단하여 드디어 호치민에 도착했다. 뜨거운 직사광선에 온몸이 까맣게 그을려 흑인이라 해도 믿을 만했다. 남부 베트남을 지나오며 육체적으로도 많이 지치고 영적으로도 힘들었다. 가끔씩 복음을 받아들이는 사람들도 있었지만 대부분은 마음을 굳게 닫고 있어서 거절에 대한 두려움이 생겼다. 점차 사영리를 가지고 복음 전하는 것을 주저하게 되었다. 용기를 잃어가는 마음에 새 힘을 달라고 기도했다.

다행히 호치민에서 휴식 시간을 가졌더니 지쳐있던 몸과 마음이

66

많이 회복되었다. 먼 거리를 이동하며 이곳저곳 망가졌던 자전거도 손보았다.

그러다 호치민에서 사업을 하는 어느 한국인 아저씨를 만나 이야기 나눌 기회가 생겼다. 캄보디아를 여러 번 왕래하셨던 분이었는데 자전거를 타고 캄보디아 국경을 넘을 계획이라고 했더니 절대 안 된다고 하셨다. 베트남과 캄보디아 국경은 자동차를 타고 가도 너무 위험하다며 나를 극구 말렸다. 그리고 내게 킬링필드를 아느냐고 물었다.

1970년대 캄보디아는 공산주의자들의 쿠데타로 공산화되었다. 사상 간의 대립으로 내전이 일어났는데 1975년 미군이 베트남전에서 패하고 고국으로 철수하자 캄보디아의 민주주의 정권은 군사 지원을 받을 수 없어서 결국 패하고 말았던 것이다. 캄보디아의 독재자 폴 포트는 1979년까지 4년간 노동자와 농민의 유토피아를 건설한다는 명분 아래 200만 명에 가까운 지식인들을 대량 학살했다. 당시 죽임당한 사람은 캄보디아 인구의 4분의 1이었는데, 안경을 썼거나 얼굴이 희어도 지식인으로 간주하고 죽였다고 한다. 캄보디아의 전 국토는 시체들로 넘쳐났고 그 후로 사람들은 캄보디아를 '킬링필드'라 불렀다.

아저씨는 이 이야기에 덧붙여 무서운 얘기를 해주셨다. 당시 전쟁 때 묻힌 지뢰가 1천만 개인데 지금까지 제거한 지뢰가 270만개란다. 아직 제거되지 않은 지뢰들이 캄보디아 전 국토에 깔려있어 여전히 수많은 사람들의 목숨을 앗아가고 있다고 한다. 그런 곳을 자전거로 달리겠다고 하니 아저씨가 극구 말리시는 것도 이해가 되었다.

그날 게스트하우스로 돌아가는 발걸음이 무거웠다. '비행기를 타고 태국으로 넘어갈까' 하고 생각해봤지만 돈이 넉넉지 않았다. 마음이 복잡했다. 두렵기도 하고 한편으로는 캄보디아의 상처받은 영혼들을 축복하고 위로하고 싶기도 했다.

호치민이라는 낯선 땅에서 한국 아저씨를 만나고 그런 경고의 말을 들은 것에는 분명 주님의 뜻이 있을 것이라는 생각이 들었다. 그런데 왜 내면 깊은 곳에서 캄보디아 사람들을 위로하고 싶은 것인지, 하나님이 기뻐하시는 뜻이 무엇인지 알 수가 없었다.

게스트하우스로 돌아와 말씀을 읽었다. 말씀 안에 모든 해답이 들어있을 것이라 생각하며 사도행전을 읽어나갔다. 엄청난 박해 속에서도 믿음을 지켰던 성도들, 주님만을 의지하며 선교하는 사도 바울의 모습은 내게 큰 위로와 힘이 되었다.

사도행전 20장을 읽던 중에 나는 답을 얻었다. 바울의 주변 사람들은 예루살렘으로 가면 잡히어 결박될 것이라며 말렸지만 그는 오직 성령의 인도하심을 따라 예루살렘에 가기로 결심한다.

오직 성령이 각 성에서 내게 증언하여 결박과 환난이 나를 기다린다 하시나 내가 달려갈 길과 주 예수께 받은 사명 곧 하나님의 은혜의 복음을 증언하는 일을 마치려 함에는 나의 생명조차 조금도 귀한 것으로 여기지 아니하노라

_행 20:23,24

하나님을
찾아서

말씀을 읽는 순간 가슴이 뜨거워졌다. 정금 같은 바울의 신앙 고백에 눈물이 났다. 나도 사명이 내 목숨보다 귀하다고 고백할 날이 올까? 나 같은 사람도 사도 바울처럼 살아갈 수 있을까? 용기는 없었지만 그래도 나는 소망했다. 위대한 그리스도인은 아니더라도 주님이 "귀하다."고 하시는 진실한 그리스도인이 되고 싶었다.

성령님은 내가 캄보디아로 가는 것을 기뻐하신다는 마음을 주셨다. 그날 밤 캄보디아로 가는 모든 여정을 주님께 의탁하며 기도했다.

'주님, 제가 인생을 살아가며 내리는 모든 결정이 사람들의 말로부터가 아니라 하나님의 말씀으로부터 나오게 해주세요.'

> 베드로와 요한이 대답하여 이르되 하나님 앞에서 너희의 말을 듣는 것이 하나님의 말씀을 듣는 것보다 옳은가 판단하라
> _행 4:19

지뢰밭을 향해 가다

모든 준비를 마쳤다. 캄보디아 비자도 받았고 자전거도 수리했다. 이제 성령님의 인도를 따라 사도 바울처럼 믿음으로 떠나면 된다. 새벽 일찍, 캄보디아 국경을 향해 출발했다. 국경까지 50킬로미터 정도이니, 일찍 출발해야 시간 내에 국경을 건널 수 있을 것 같았다.

며칠 쉬었다가 다시 장거리를 가려니 온몸의 근육들이 힘들다고 아우성을 쳤다. 태양의 뜨거운 열기에 온몸이 후끈거리고 목이 바짝

바짝 말라왔다. 지나가는 길에 개울이나 강이 있으면 시원하게 몸을 씻을 수 있을 텐데 보이는 것은 저 멀리 아른거리는 신기루뿐이었다.

가져온 물도 다 떨어지고 뜨거운 열기를 견딜 수 없어 마을로 들어섰다. 무작정 대문을 두드렸더니 한 꼬마가 문을 열고 고개를 쏙 내밀었다. 빈 물통을 보여주며 목이 마르다는 시늉을 했더니 꼬마가 알겠다는 듯 나를 뒷마당으로 인도했다. 뒷마당에 우물이 하나 있었다. 꼬마는 두레박으로 물을 끌어올리더니 바가지에 담아 건넸다. 바가지에는 죽은 벌레들이 가득했지만, 고맙다고 인사하고 겨우 몇 모금 들이켰다. 베트남을 종단하며 설사 때문에 여러 번 고생했기에 물 마시는 것이 조심스러웠다. 물을 더 퍼서 머리에 끼얹으며 몸의 열기를 식혔다.

땡볕을 피해 마루에 앉아 쉬고 있는데 아이엄마가 들어왔다. 베트남 여인은 이 낯선 여행자가 굶지는 않았을까 걱정이 되었는지 밥을 한 상 차려주었다. 이곳에서도 주님은 나를 먹이시고 쉴 만한 물가로 인도하셨다.

드디어 캄보디아 국경에 도착했다. 베트남의 출입국 관리소 앞에서 한 남자가 환전을 해주겠다고 했다. 캄보디아 돈뭉치를 보여주며 자신을 믿고 돈을 바꾸라고 했다. 가지고 있는 베트남 돈을 꺼내 들었다가 이내 의심스러워 다시 집어넣으려는데 순식간에 남자가 가로챘다. 전력 질주하여 도망가는 남자를 쫓아갔으나 자전거와 기타와 배낭도 도둑 맞을까 봐 이내 포기하고 돌아왔다.

분하고 허탈한 마음에 남자가 도망간 쪽을 한참이나 멍하니 바라보았다. 킬링필드를 지나야 하는데 경비의 절반을 도둑맞았다. 지뢰와 돈에 대한 걱정이 한꺼번에 몰려와 머리가 어지러웠다.

'환경이 조금만 바뀌어도 마음이 요동하다니……'

마음엔 여전히 믿음과 불안이 공존했다. 말씀을 읽을 땐 믿음이, 환경의 영향을 받을 땐 불안이 나를 사로잡았다.

'환경의 지배를 받지 않고 믿음으로만 살 수는 없을까?'

불안한 마음까지도 모두 하나님께 가지고 나가야 했다. 주님이 모든 것을 하셔야 한다. 내가 할 수 있는 것이 줄어들수록 더욱 간절히 주님을 찾게 되었다.

킬링필드에서 울려 퍼진 찬양

캄보디아는 베트남과는 분위기가 사뭇 달랐다. 비포장도로는 험하기 짝이 없고 사람들 눈빛에는 아픔이 서려있었다. 팔다리가 성하지 않은 사람들도 흔하게 보였다. 지뢰의 위험은 둘째치더라도 자동차가 지나가고 난 뒤에 일어나는 흙먼지 때문에 앞이 보이지 않아 너무 위험했다. 트럭이 내 곁을 스치듯 지나가는 아찔한 순간이면, 호치민에서 만난 아저씨가 왜 말렸는지 이해가 될 정도였다. 그러나 성령님의 인도하심을 확신하며 왔기에 하나님만 바라며 조심스레 전진했다.

점차 요령이 생겨 속도를 조금씩 내다가 자동차가 다가오면 속도를 완전히 줄이는 식으로 자전거를 탔다. 온몸이 흙과 땀으로 뒤섞였다. 한참을 가고 있는데 갑자기 트럭이 지나가며 흙먼지를 일으켰다. 그 바람에 미처 피하지 못한 흙구덩이에 자전거 앞바퀴가 빠지면서 쿵하고 넘어지고 말았다. 돌부리에 찍힌 정강이에서 피가 철철 흘러나왔다. 상처가 깊어 손수건으로 재빨리 싸맸다. 어느덧 어두워져 서둘러 잘 곳을 찾아야 했다. 애타는 마음으로 주님께 도와달라고 기도하며 페달을 밟았다.

손수건이 붉게 물드는 사이 하늘은 금방이라도 검게 물들 것 같았다. 아픈 줄도 모르고 열심히 페달을 밟으며 '주님 도와주세요.'라고 외마디 기도만을 되풀이했다.

어렴풋이 학교가 보였다. 학교로 들어서는데 다리가 후들거렸다. 무너져내릴 듯한 건물과 작은 운동장에는 아무 인기척이 느껴지지 않았다. 서둘러 운동장 구석에 텐트를 쳤다. 그때 갑자기 종소리가 울리더니 건물에서 학생들이 우르르 몰려나왔다. 수업을 마친 학생들은 이방인을 발견하고는 순식간에 텐트 주변으로 몰려들었다. 멋쩍은 미소를 지어보이는데, 고학년으로 보이는 남학생 몇 명이 뛰어오더니 텐트를 접고 따라오라고 재촉했다. 학생들은 웬만한 의사소통은 할 수 있을 만큼 영어를 잘했다. 갑자기 일어난 일에 어리둥절해하며 그들을 따라갔다.

학교에서 얼마 떨어지지 않은 곳에 통나무집이 있었는데, 남학생 대여섯 명이 생활하는 기숙사라고 했다. 학생들이 돌아가며 자신을

소개했다. 캄보디아의 시골 학생들은 수도 프놈펜이나 씨엠립(앙코르 와트가 있는 도시)으로 가서 외국인을 상대로 여행업에 종사하길 꿈꾸며 열심히 영어를 공부하고 있었다. 그곳 아이들은 20대가 되자마자 결혼을 하기 때문에 생각도 외모도 나이보다 훨씬 성숙한 느낌이었다. 아이들은 내 다리의 상처를 보고는 깜짝 놀라며 약국 같은 곳으로 안내했다. 중년 남성이 상처에 약을 바르고 붕대를 감싸주었다. 이 작은 마을은 마치 한 집안 식구들 같았다.

아이들과 기숙사로 돌아와 저녁을 먹었다. 전기가 들어오지 않는 곳이라 장작에 불을 피워 밥을 해먹었다. 아이들은 제법 능숙하게 요리를 했고, 나는 끝없이 퍼주는 밥을 마다하지 않고 감사하게 먹었다. 식사 후 촛불을 켜놓고 이야기를 나누는데, 온 동네 사람들이 구경을 왔다. 아이들은 내가 무엇을 하는 사람인지, 가족은 몇 명인지, 어디를 가는 길인지, 여자 친구는 있는지, 심지어 캄보디아를 어떻게 생각하는지 등 수많은 질문을 해댔다. 그 와중에도 다들 자꾸 본인 이름을 기억하는지를 확인하는 통에, 아예 연습장에 마을 사람들 이름을 메모해 외워야 했다.

이 평범하고도 조용한 마을에서 참 좋은 나흘을 보냈다. 마을 사람들은 모두 친절했고 나를 가족처럼 대해줬다. 아이들은 어찌나 열심히 공부를 하는지, 어두워지면 촛불을 켜고 책을 들여다봤다. 내게 영어 교과서를 가져와 이것저것 묻기에 최선을 다해 가르쳐주었다. 아이들에게 영어를 가르치며, 문득 하나님의 계획이 참 신비롭다는 생각을 했다. 대학교에서 기숙사 생활을 할 때 친하게 지낸 형이 두 명 있었는데, 둘 다 어찌나 영어를 좋아했는지 모른다. 형들의 열정이 부러워 밤늦은 시간까지 함께 영어 스터디를 하곤 했다. 그 영어 실력이 이렇게 귀하게 쓰일 줄은 상상도 못했다. 주님이 모든 것을 예비하시고 준비시키신 것 같았다. 아이들에게 사영리 영문책자로 복음도 전했다. 순수한 아이들은 성경 이야기와 찬양을 참 좋아했다.

성령이 임재한 교실

그러다 한 학생이 자기 반에서 영어 수업을 진행해달라고 부탁을 했다. 캄보디아 시골 마을에는 교사가 부족했다. 그래서 가끔 고학년 학생이 저학년 교실에서 수업을 진행하기도 했다. 기숙사 학생들은 대부분 고학년 학생들이었는데, 그들이 맡은 수업을 내게 특강으로 부탁한 것이었다. 자신은 없었지만, 캄보디아 아이들에게 복음을 전할 수 있는 좋은 기회라는 생각이 들어 선뜻 좋다고 대답했다.

'두려워말고 담대히 예수님을 전할 수 있도록 용기를 주세요!'

약속한 수업 시간에, 나는 사영리 책자를 나누어주고 복음을 전하기 시작했다. "하나님은 당신을 향한 놀라운 계획을 가지고 계십니다."부터 죄와 하나님의 사랑 그리고 십자가의 은혜에 대해 차근차근 설명해나갔다. 천국과 지옥이 실재하며, 예수 그리스도의 존재 역시 역사적인 사실이라고 전했다. 처음 듣는 이야기를 아이들은 모두 집중해서 들어주었다.

"누구든지 예수님을 마음으로 믿고 우리의 주인으로 영접하면, 죄 사함을 받을 수 있습니다. 예수님이 우리 죄를 대신해 십자가에 죽으시고 부활하셨기 때문입니다. 죄 사함을 받고 하나님의 자녀로 새로 태어나면, 여러분은 고통이 없는 천국에서 하나님과 함께 거하며 영원한 기쁨을 누린다고 성경은 말하고 있습니다."

예수님을 지금 마음속에 영접하고 싶은 사람이 있다면 사영리에 나와있는 짧은 기도문을 따라해달라고 얘기했다. 몇몇 학생들을 제외하고 대부분의 학생들이 진지하게 기도문을 읽어나갔다.

교실에 성령이 임재하신 것을 느끼며 벅찬 감동을 받았다. 이 상처받은 땅, 킬링필드로 하나님이 나를 보내신 목적이 분명히 있었다. 하나님은 이 아이들을 얼마나 사랑하시는지 보여주려고, 또한 나 같은 죄인도 하나님 나라를 위해 쓰임받을 수 있음을 가르치시려고 나를 이곳으로 인도하셨던 것이다.

주님의 신실하심과 긍휼하신 은혜 앞에 진심으로 찬양을 하지 않을 수 없었다. 작은 교실 안에 찬양 소리가 울려 퍼졌다.

"나 같은 죄인 살리신 주 은혜 놀라워. 잃었던 생명 찾았고 광명을 얻었네. 큰 죄악에서 건지신 주 은혜 놀라워. 나 처음 믿은 그 시간 귀하고 귀하다. 이제껏 내가 산 것도 주님의 은혜라. 또 나를 장차 본향에 인도해주시리."

우리말로 먼저 하고 영어로도 불러주었다. 아이들 모두 숨죽여 찬양을 들어주었다. 그렇게 수업이 끝나고 나서 한 아이가 찾아와 부탁을 했다.

"오늘 우리에게 전해준 예수를 우리 가족에게도 알려줄 수 있을까요?"

그날 밤, 한 아이의 요청을 시작으로 나는 사영리를 들고 마을 곳곳을 돌아다니며 찬양을 부르고 복음을 전했다. 각 가정마다 지뢰 사고로 몸이 성치 않은 가족이 한 명 정도는 있었는데, 그럼에도 불구하고 다들 웃음을 잃지 않고 살고 있었다. 영어를 알아듣지 못하는 어른들에게는 캄보디아 학생들이 통역을 해주었다. 모두들 나를 반겨주고 사랑해주었다.

그간 남부 베트남을 여행할 때 만난 사람들이 복음 듣기를 꺼려해서 거절에 대한 두려움이 생겼었다. 그러나 주님은 내가 두려움에도 불구하고 끝까지 복음을 전할 때 반드시 열매를 맺게 될 것이라는 소망을 보여주셨다. 이 얼마나 놀라운 일인가!

> 눈물을 흘리며 씨를 뿌리는 자는 기쁨으로 거두리로다 울며 씨를 뿌리러 나가는 자는 반드시 기쁨으로 그 곡식 단을 가지고 돌아오리로다　_시 126:5,6

캄보디아로 들어올 때는 갈등과 두려움이 많았다. 위험하다고 극구 말리는 이들도 있었다. 그러나 성령의 인도하심을 따라 용기를 냈더니 주님이 예비하신 귀한 것들을 맛볼 수 있었다. 두렵다고 이 길

캄보디아 마을 사람들에게 사영리로 복음을 전했다. 오직 하늘 아버지의 사랑만이 이 땅의 아픔을 치유할 수 있으리라.

을 포기했다면 소중한 것을 놓쳤을 것이다.

그곳을 떠나기 위해 짐을 꾸리는데, 온 마을 사람들이 통나무집을 찾아와 인사를 했다. 가난해서 돈을 보태주지 못해 미안하다며 내 손을 꼭 잡아주는 사람도 있었다. 몇몇 아이들은 결국 눈물을 흘리고야 말았다. 모두 내 가족 같아 쉽게 발걸음이 떨어지지 않았다.

상처받은 땅, 캄보디아. 오직 하늘 아버지의 사랑만이 이 땅의 아픔을 치유하고 회복할 수 있으리라. 이 마을에 하나님의 평안이 임하길 축복하며 다시 길을 떠났다.

> 어떤 성이나 마을에 들어가든지 그 중에 합당한 자를 찾아내어 너희가 떠나기까지 거기서 머물라 또 그 집에 들어가면서 평안하기를 빌라 그 집이 이에 합당하면 너희 빈 평안이 거기 임할 것이요 만일 합당하지 아니하면 그 평안이 너희에게 돌아올 것이니라 _마 10:11-13

새로운 경로로 이끄신 하나님

캄보디아 작은 마을을 떠나 프놈펜과 씨엠립을 거쳐 태국으로 향했다. 씨엠립에서 시소폰으로 가는 길에 자전거 앞바퀴 타이어가 찢어졌다. 캄보디아의 움푹 파인 흙길은 자전거를 타기엔 최악이었다. 타이어를 교체해야 되는데 자전거 수리점을 돌아다녀봐도 맞는 사이즈가 없었다. 큰 도시로 가야 구할 수 있다고 했다. 결국 히치하이킹을 시도하다가 방콕으로 가는 미니버스를 만났다. 외국인 여행자들을 태우고 방콕으로 가는 버스였다. 기사와 흥정한 끝에 3달러를 주고 짐칸에 자전거와 함께 올라탔다. 태국의 출입국 관리소는 베트남이나 캄보디아보다 절차가 간단했다.

태국의 수도 방콕에 도착하자마자 시내 지도를 샀다. 아침 일찍 자전거 수리점을 찾아 타이어를 교체하고 지도를 보며 영사관을 찾아갔다. 영사관에서 방콕에 있는 한인교회 7곳의 주소를 받았다. 방콕에 머물면서 다음 경로를 결정하고 가야 할 나라 비자도 받아야 했기에 2주 정도 기거할 곳이 필요했다. 영사관에서 가까운 한인교회부터 찾아가 사정을 얘기하고 며칠 머물 것을 청했으나 거절당했다. 행색이 초라한 낯선 청년에게 교회 공간을 빌려주기가 난처했을 것이다. 캄보디아 국경에서 돈을 도둑맞은 터라 숙박업소를 이용하기는 힘들었다.

절박한 심정으로 방콕 시내 중심가에 있는 마지막 교회를 찾았다. 담임목사님을 찾아뵙고 사정을 말씀드리니, 어린 나이에 대단한 결심을 했다며 격려해주셨다. 그리고 마침 한국에서 청빙되어 오시는 부목사님 사택이 비어있으니, 사용해도 좋다고 하셨다. 나보다 더 내 상황을 잘 아시는 주님이 예비하신 듯했다. 신실하신 주님께 감사의 기도가 절로 나왔다.

하나님을
찾아서

여호와여 나의 기도를 들으시며 나의 부르짖음에 귀를 기울이소서 내가 눈물 흘릴 때에 잠잠하지 마옵소서 나는 주와 함께 있는 나그네이며 나의 모든 조상 들처럼 떠도나이다
_시 39:12

사택은 교회와 꽤 거리가 있었다. 어둡고 퀴퀴한 냄새가 나는 아파 트였지만 그래도 나는 행복했다. 지금까지 텐트와 현지인들 집에서 보낸 날들과 비교하면 훨씬 편안한 보금자리였다. 근처 마트에서 장 을 봐 밥도 해먹고 베트남에서 자주 먹었던 토마토 계란탕도 만들어 보았다. 오랜만에 경험하는 일상이 감사히 느껴졌다. 버스를 타는 것 도, 장을 보고 요리하는 것도 감사했다. 거실의 소파에 앉아 조용히 묵상하며 성경을 읽고 책을 읽는 이 모든 시간이 주님이 주신 소중한 선물이었다.

설레는 마음으로 금요철야 예배에 참석해 마음껏 찬양하고 기도 했다. 성도들과 함께 드리는 예배가 이렇게 기쁘고 행복한 것인 줄 미처 몰랐다. 통성으로 기도하는 중에 눈물이 쏟아졌다. 나 같은 죄인 도 예수님이 사랑하셔서 매 순간 동행하시고 은혜를 주심이 가슴 벅 차게 감격스러웠다.

기도 시간을 인도하신 목사님께서 각 나라를 위해 기도하자고 하 셨다. 지금까지 거쳐 온 베트남과 캄보디아에서 만났던 수많은 사람 들을 위해 기도했다. 현지인 한 명 한 명이 머릿속을 스치는데 계속 눈물이 났다. 하나님은 내게 당신이 그들을 얼마나 사랑하시는지, 그

들을 향한 긍휼하심이 얼마나 큰지를 보여주셨다.

그리고 중국을 위한 기도를 요청하셨는데, 내 입술에서 어느 순간부터 중국을 축복하는 기도가 흘러나왔다. 사실 중국은 잠시 거쳤던 곳이고 특별한 마음도 없었다. 그런데 중국을 위해 기도하자 알 수 없는 뜨거움이 솟아올랐다. 집에 돌아와서도 중국에 대한 강렬한 마음이 가시지 않았다.

'다시 중국으로 돌아가라는 주님의 메시지일까?'

원래 계획대로라면 태국을 거쳐 인도로 가야 한다. 중국에서 인도로 가려면 거대한 히말라야 산맥을 거쳐야 하기에 애초에 생각을 접고 태국에서 배를 타고 가는 경로를 계획했던 것이다. 우선 처음 계획대로 태국에서 인도로 가는 교통편을 알아보았다. 그런데 이상했다. 분명 한국에서 경로를 계획할 때는 태국과 인도를 오가는 배편이 있다고 했는데, 카오산로드에 있는 여행사를 수십 군데 돌아다녀봐도 배편을 찾을 수 없었다. 비행기를 타고 갈 만한 형편도 아니라 갑자기 막막해졌다.

잠잠히 하나님께 기도했다. 어디로 가야 하는 것일까? 하나님께 내가 가야 할 길을 알려달라고 기도하고 나서 세계 지도를 보는데 계속 중국이 눈에 들어왔다. 주님이 나를 중국으로 인도하기 위해 다른 모든 길을 막으신 게 아닌가 싶었다. 중국을 위해 기도할 때 뜨거워진 마음이 생각났다. 주님의 뜻은 분명해 보였다.

'중국으로 가는 것이다!'

죽음의 문턱에서
살아나다

고통, 하나님만 의지하라는 신호

중국대사관에 비자를 신청했다. 계획 없이 다니는 것은 믿음이 아니라 어리석음이라고 일침을 놓는 분들도 있었다. 하지만 그 순간 나는, 내 목표가 아니라 하나님 나라만을 위해, 하나님의 방법대로 행동하는 것을 하나님이 기뻐하신다고 믿었다. 내 계획을 이루기 위해 달려왔더라도 주님이 기뻐하시지 않는다면 모든 것을 포기할 수 있어야 하지 않겠는가?

방콕에서 생활한 지도 일주일이 지났다. 윤락과 마약이 가득하고 온갖 우상과 악한 권세가 가득한 도시에 살면서 점점 어지러움을 느겼다. 주일 예배를 드리고 집으로 돌아오는데 모든 것이 혼탁해보였다. 집으로 돌아와 곧바로 침대에 쓰러져 잠이 들었다. 어두운 밤에 겨우 몸을 일으켰는데, 온몸이 고열로 젖어있었고 두통이 심했다. 화장실 변기를 붙들고는 속엣것을 게워냈다. 온몸에서 기운이 빠져나가는 것 같았다. 그렇게 사나흘을 밤인지 낮인지 구별도 못한 채 쓰러져 지냈다. 무얼 좀 먹으면 바로 설사와 구토에 시달려야 했다. 태어나서 그렇게 아픈 건 처음이었다.

주님이 약속하신 이스라엘 땅을 보지도 못하고 이대로 죽는구나 싶었다. 하지만 분명 주님이 가라고 명하셨으니 반드시 그곳까지 인도하시리라는 믿음을 가졌다. 마지막 있는 힘을 다해 누운 채로 기도하기 시작했다. 눈물이 흘러내렸다.

도와달라는, 살려달라는 기도가 어느 순간부터 회개의 기도로 바뀌었다. 나는 오열하며 기도했다. 마음 깊은 곳에는 아직 해결되지 않은 더러운 죄악들이 가득했다. 주님은 내 죄악들을 보게 하셨다. 내 안의 모든 부끄럽고 은밀하고 더러운 것들이 보였다. 그 더러운 것들이 토하듯이 입 밖으로 쏟아져 나왔다. 개인적인 죄뿐 아니라 한국 교회의 죄악들, 그리고 방콕의 음란한 모든 것, 각 나라를 위한 회개 기도가 터져 나왔다. 몇 시간을 기도했는지, 무슨 힘으로 기도했는지도 모를 정도로 그저 알 수 없는 초월적인 힘에 이끌리어 기도했다. 예수님이 피 흘리셨던 십자가 아래로 나아가 모든 죄의 짐을 내려놓고 주님께 용서를 구했다.

몇 시간을 기도했을까? 주님은 더러운 내 마음속에 찾아와 나를 사랑한다고 말씀해주셨다. 내가 자격이 있어서가 아니라 주님의 사랑이 아주 커서, 전적인 주님의 은혜로 나를 영원한 형벌에서 구원하셨음을 알게 하셨다. 그 사랑을 깨달은 순간, 주님의 은혜가 마음속에 파도처럼 밀려왔다. 한량없는 하나님의 은혜와 평안이 마음에 가득 채워졌다. 세상에서는 결코 볼 수도, 느낄 수도 없는 것이었다.

> 여호와는 마음이 상한 자를 가까이 하시고 충심으로 통회하는 자를 구원하시는도다
> _시 34:18

천로역정에 나오는 주인공 크리스천과 같았다. 그는 자신의 어깨를 짓누르는 무거운 짐을 지고 긴 여행을 떠난다. 사람의 도움이나 세상의 그 어떤 지혜와 철학으로도 짐을 내려놓을 수 없었다. 그런데 십자가 앞에 다다랐을 때 비로소 그를 누르던 무거운 짐은 벗겨진다.

> 수고하고 무거운 짐 진 자들아 다 내게로 오라 내가 너희를 쉬게 하리라
> _마 11:28

십자가 앞에서 모든 죄의 짐을 벗고 주님의 한없는 사랑을 맛보니 내게 주어진 고통의 의미를 알 것 같았다.
'아 회개하라고, 기도하라고 고통을 주셨구나.'

그렇게 몇 시간을 뜨겁게 기도하자 기적처럼 열이 내려가기 시작했다. 소파에 앉아 쉬었더니 어지러웠던 것도 한결 좋아지고 다리에 힘이 생겼다. 이제 살 것 같았다. 요나처럼 어두운 물고기 뱃속에서 죽었다 살아난 것 같았다.

며칠 동안 아무것도 먹지 못해 속이 쓰렸다. 야채 죽이라도 끓여야겠다 싶어 몸을 일으켜 근처 마트로 향했다. 나흘 만에 햇빛을 쐬었더니 앞이 캄캄하고 머리가 멍했지만 살아있는 것들을 보니 만물이 하나님을 찬양하는 것처럼 생기가 넘쳐보였다.

그런데 지나가는 사람들이 모두 두꺼운 마스크를 쓰고 있다. 우주복 같은 옷에 방독면을 쓴 사람도 있었다. 폭염 속에서 이해가 되지 않는 행동이었다. 마트에 들어서며 점원에게 이유를 물었다.

"사스! 사스 프롬 차이나!"

사스? 처음 들어보는 말이었다. 얼른 필요한 야채와 음식들을 구입하고 인터넷 카페에 들렀다. 한국 포털 사이트에 접속하니 온통 사스 관련 기사로 도배되어 있었다. 사스는 우리나라에서 괴질로 불리는 전염병이었다. 고열, 무기력증, 호흡 곤란 등 증상이 내가 겪은 것과 흡사했다. 중국 광둥성에서 발생하여 동남아 전역으로 확산되고 있으며 중국에서만 500명이 사망했는데 백신이 없어 사망자 수는 기하급수적으로 늘어날 전망이라고 했다.

이미 한국에서 여러 차례 내 안부를 묻는 메일이 와있었다. 엄마의 걱정이 가득 담긴 장문의 편지를 읽으니 눈물이 났다. 하지만 거친 광야에서 모세와 함께하셨고 맹수들에게서 어린 다윗을 지켜주셨던 하나님이 지금도 너를 보호하신다는 말씀에 힘이 났다. 어릴 적 엄마가 들려주셨던 성경 이야기가 귓가에 맴도는 것 같았다.

며칠 푹 쉬자 몸이 많이 회복되었다. 아직도 내가 사스에 감염되었던 것인지는 정확히 알 수 없다. 다만 죽을 것 같은 고통 속에서 나는 천국을 바라보게 되었다. 내가 할 수 있는 일도 없었고, 도와줄 사람도 없었다. 나를 살리실 이는 오직 하나님 한 분뿐이었다.

아시아에서 환난을 당하여 살 소망까지 끊어졌던 사도 바울은 이렇게 고백한다.

> 형제들아 우리가 아시아에서 당한 환난을 너희가 모르기를 원하지 아니하노니 힘에 겹도록 심한 고난을 당하여 살 소망까지 끊어지고 우리는 우리 자신이 사형 선고를 받은 줄 알았으니 이는 우리로 자기를 의지하지 말고 오직 죽은 자를 다시 살리시는 하나님만 의지하게 하심이라   _고후 1:8,9

로마의 시민권도, 탁월한 지성과 학식도 그의 생명을 건져주지 못했다. 그가 할 수 있는 일은 아무것도 없었다. 하지만 그는 하나님의 선하신 뜻 안에서 고난이 허락된 것임을 고백한다. "이는 우리로 자기를 의지하지 말고 오직 죽은 자를 다시 살리시는 하나님만 의지하게 하심이라."

어릴 적 누나들과 마당에서 땅따먹기 놀이를 하곤 했다. 한 치의 양보도 없이 조금이라도 더 많은 땅을 차지하기 위해 싸웠다. 그러다 엄마가 "얘들아, 와서 밥 먹어라."라고 한마디만 하시면 언제 그랬냐는 듯이 놀던 것을 쓱쓱 발로 지워버리고 집으로 달려갔다.

생각해보니 땅따먹기 놀이를 하던 모습이 우리 인생과 참 닮았다. 오래 살아도 80~90년에 불과한 우리 인생은 영원한 시간 앞에서 티끌과도 같다. 주님이 부르시면 붙들고 있던 것들을 던져버리고 주님 품으로 달려가야 된다. 그런데 우리는 이 땅에서 남들보다 더 못 얻어서 절망하고 조금이라도 더 가지기 위해 치열하게 싸운다.

> 인생은 그 날이 풀과 같으며 그 영화가 들의 꽃과 같도다 그것은 바람이 지나가면 없어지나니 그 있던 자리도 다시 알지 못하거니와 여호와의 인자하심은 자기를 경외하는 자에게 영원부터 영원까지 이르며 그의 의는 자손의 자손에게 이르리니
> _시 103:15-17

결국 우리는 '영원한 것'을 향해 달려가야 한다. 이스라엘을 향해 여행하고 있지만 주님이 보여주시는 진짜 목적지는 천국이라는 생각이 들었다. 이스라엘 백성이 약속의 땅을 향해 기나긴 광야를 지나듯, 나 역시 광야를 살아가고 있다. 애굽 생활은 하나님을 마음으로 알지 못했던 시간이다. 하나님의 자녀가 된 우리는 지금 광야를 살아가고

있다. 광야에서의 소망은 무엇인가? 하나님의 약속, 곧 가나안 땅이요 우리에게는 천국인 것이다. 이스라엘까지 가며 겪을 모든 일들은 마땅히 천국으로 가는 인생길에서 내가 겪어야 할 것들이다. 때로 고통스럽고 외롭다. 하지만 영원한 것, 천국과 절대자이신 주님을 바라볼 수 있기에 행복하다. 끝이 없을 것 같은 여행길에서 천국을 묵상하니 마음에서 소망이 샘솟았다.

> 내가 들으니 보좌에서 큰 음성이 나서 이르되 보라 하나님의 장막이 사람들과 함께 있으매 하나님이 그들과 함께 계시리니 그들은 하나님의 백성이 되고 하나님은 친히 그들과 함께 계셔서 모든 눈물을 그 눈에서 닦아주시니 다시는 사망이 없고 애통하는 것이나 곡하는 것이나 아픈 것이 다시 있지 아니하리니 처음 것들이 다 지나갔음이러라   _계 21:3,4

유혹을 다스리다

태국은 성적 음란이 강렬했다. 특히 방콕은 소돔과 고모라 같은 도시였다. 동성연애자들이 거리에 난무했고 내게 접근하는 트랜스젠더들도 있었다. 당시 나는 스물한 살의 건강한 청년이었다. 아무리 스스로 조심한다 해도 언제 어디서든, 유혹은 도사리고 있었다.

방콕에 도착한 날, 카오산로드의 한 게스트하우스에서 하룻밤을 보냈다. 그곳에서 스물두 살 일본인 아야꼬를 만났는데, 동양인이라는 동질감 때문인지 쉽게 가까워졌다. 동경의 한 대학교에서 디자인을 공부하는 여대생인데, 인도에서 한 달간 여행을 하고 일본으로 돌아가는 길에 방콕에 잠깐 들른 것이라고 했다. 아야꼬는 내게 밥도 사주고 방콕의 요모조모를 친절하게 얘기해주었다. 그러더니 방콕의 유명한 불교 사원들에 함께 다니며 사진을 찍어달라고 부탁했다. 별 생각 없이 승낙하고 함께 사원들을 찾아다녔다.

아야꼬는 활기차고 생기가 넘치는 여자였다. 옷차림도 세련되고 매우 개방적이었다. 저녁때가 되자 그녀는 고맙다며 맥주를 사겠다고 했다. 아야꼬의 눈이 화려한 네온사인들과 어우러져 매력적으로 빛났다. 그런데 순간, 머릿속에 요셉이 떠올랐다. 우는 사자처럼 세상을 두루 다니며 삼킬 자를 찾는 마귀는 무시무시하고 흉악스럽게 다가오는 것이 아니라 아주 로맨틱하고 부드럽게 접근한다. 누구든 그 유혹 앞에서 자신을 합리화할 만한 변명의 여지를 가져다주며 다가온다. 요셉에게 찾아온 유혹이 그러하지 않았던가.

그 후에 그의 주인의 아내가 요셉에게 눈짓하다가 동침하기를 청하니 요셉이 거절하며 자기 주인의 아내에게 이르되 내 주인이 집안의 모든 소유를 간섭하지 아니하고 다 내 손에 위탁하였으니 이집에는 나보다 큰 이가 없으며 주인이 아무것도 내게 금하지 아니하였어도 금한 것은 당신뿐이니 당신은 그의 아내임이라 그런즉 내가 어찌 이 큰 악을 행하여 하나님께 죄를 지으리이까 여인이 날마다 요셉에게 청하였으나 요셉이 듣지 아니하여 동침하지 아니할 뿐더러 함께 있지도 아니하니라　　　　　　　　　　　　　　　　　_창 39:7-10

이 낯선 땅에서는 아무도 나를 알지 못한다. 내가 무슨 행동을 하든 비난하거나 의심할 사람이 없다. 나는 자유로운 성인이요 스물한 살의 건강한 남성이다. 법에 접촉되지만 않는다면 내가 무엇이든 선택할 수 있다. 내 마음 속에서 두 사람이 싸우기 시작했다.

성령으로 변화된 새사람이 마음속에서 소리쳤다.

'죄를 이길 힘이 너에게 없단다. 요셉도 그것을 알았기에 죄와 맞서 싸우려 하지 않고 죄를 피하지 않았겠니? 유혹이 될 만한 상황은 애초에 피해야 돼!'

이에 맞서 옛사람이 내면에서 속삭였다.

'여긴 태국 방콕이야. 자유로운 도시라고! 즐길 수 있을 때 마음껏 즐겨. 그게 진짜 자유롭고 멋진 인생 아니겠니? 비록 죄를 범하더라도 하나님께 회개하면 또 용서해주실 거야!'

철없던 시절엔 보디발의 아내가 뚱뚱하고 못생겼기 때문에 요셉이 유혹에 넘어가지 않았을 거라고 생각했다. 그러나 보디발의 아내는 굉장히 매력적인 여성이었을 것이다. 권세와 부를 가진 보디발이었으니 젊고 매력적인 아내를 맞지 않았겠는가. 그런 여성이 아무도 보지 않는 곳에서 청년 요셉을 유혹한다. 요셉은 오랜 시간 외로움에 지쳐있었다. 형제들에게 버림받은 상처는 또 얼마나 컸겠는가? 그럴 때 사랑스럽고 매력적인 여인이 이집트 최고급 향유 냄새를 은은하게 풍기며 다가와 작고 부드러운 목소리로 속삭인다.

그런데 놀랍게도 요셉은 그 순간 하나님을 생각했다. 아무도 보지 않는 곳에서도 그는 하나님의 존재를 인식하고 있었다. 그래서 보디발의 아내에게 "내가 어찌…… 하나님께 죄를 지으리이까"(창 39:9)라고 말할 수 있었다.

절박하고 힘들 때는 주님께 함께해달라고 간절히 부르짖다가도 달콤한 유혹 앞에서는 하나님을 모르는 척하는 사람이 얼마나 많은가. 유혹받을 때 더욱 성령님의 임재를 구해야 한다. 늘 성령님이 내 안에 계심을 인식하고 그분을 두려워하며 부끄럽지 않게 행동해야 한다.

죄는 늘 나를 원한다

그날 아야꼬에게 게스트하우스로 돌아가 해야 할 일이 있다고 말했다. 그녀는 홀로 방콕의 맥줏집으로 사라졌고, 나는 게스트하우스로 돌아와 성경을 읽었다. 창세기를 읽는데, 4장 7절 말씀이 가슴에 와 닿았다.

> 네가 선을 행하면 어찌 낯을 들지 못하겠느냐 선을 행하지 아니하면 죄가 문에 엎드려있느니라 죄가 너를 원하나 너는 죄를 다스릴지니라

죄는 늘 나를 원하고 있다. 내가 죄를 원하는 것보다 더 강렬한 욕망으로 죄가 나를 원한다. 이는 곧 마귀가 나를 원한다는 것이다. 마

죄는 늘 나를 원하고 있다. 내가 죄를 원하는 것보다
더 강렬한 욕망으로 죄가 나를 원한다.
승리하려면 매 순간 하나님을 인식해야 한다.

귀의 소원에 내가 응한다면 나를 마귀에게 주는 것이다. 한두 번 나를 마귀에게 주기 시작하면 서서히 마귀의 종이 되고 만다. 그땐 죄가 주는 즐거움에 사로잡혀 헤어날 수가 없다.

승리하려면 매 순간 하나님을 인식해야 한다. 평생 내면의 두 자아가 싸울 것이다. 그럴 때마다 성령의 사람, 예수 안에서 거듭난 새사람의 말을 들어야 한다. 옛사람의 말은 마귀로부터 시작되지만 새사람의 말은 성령 하나님으로부터 시작되기 때문이다.

다음날 새벽, 유럽 여행자들 몇 명이 큰소리로 떠들어 잠에서 깼다. 그들 중 한 남자가 같은 게스트하우스에 머무는 한 일본 여자와 펍에서 맥주를 마시고 호텔에 다녀왔다고 떠들어댔다.

나도 언제든지 넘어질 수 있다. 유혹 앞에서 내가 얼마나 연약한 인간인지 인정해야 죄와 유혹을 경계할 수 있다. 내 힘으로는 죄를 이길 수 없기에 오늘도 성령님의 도우심을 간절히 바라고 의지한다. 죄를 이기시고 마귀를 결박할 권세를 가지신 예수님을 바라보아야 한다. 나는 죽고 내 안에 예수님이 사셔야 승리할 수 있다.

그날 나는 유혹에 넘어가지 않게 하심에 감사하며, 이스라엘까지 가는 동안 매 순간 동행해달라고 간구했다.

> 그런즉 사랑하는 자들아 이 약속을 가진 우리는 하나님을 두려워하는 가운데서 거룩함을 온전히 이루어 육과 영의 온갖 더러운 것에서 자신을 깨끗하게 하자
> _고후 7:1

오아시스 같은 은혜 속에서

태국에서 라오스를 거쳐 중국을 향해 달렸다. 방콕의 한인교회에서 주님이 부어주신 중국을 향한 마음은 여전히 뜨거웠다. 그러나 사스가 휩쓴 중국에서는 모든 학교에 무기한 휴교령이 내려지고 많은 유학생들이 고국으로 돌아갔다고 했다. 더군다나 남아있는 여비도 없었다. 의지할 것이 없으니 주님이 책임지시리라는 믿음으로 나아갈 수밖에 없었다.

태국의 도로는 넓고 잘 포장되어 있어서 라오스까지는 가뿐했다. 그러나 라오스의 루앙프라방을 지나 중국 국경을 향해 가는 길은 험악한 산악지대라 다리 근육이 찢어질 듯 고통스러웠다.

라오스는 참 가난한 나라였다. 타임머신을 타고 서울의 40~50년 전으로 돌아간 것 같았다. 내 곁을 스쳐지나가는 풍광이 정말 아름다웠지만 산세가 험해 자전거로 이동하는 게 쉽지 않았다. 하루 종일 땀이 비 오듯 흘렀다. 그만큼 수분을 보충해주는 게 중요한데, 라오스의 산속 깊은 곳을 지날 때 물이 바닥나고 말았다. 민가도, 가게도 찾을 수 없는 곳이었다. 눈앞이 핑 돌고 어지럽기까지 했다. 물을 찾지 못하면 죽을 수도 있겠구나 하는 두려움이 엄습했다. 잠시 자전거를 세워두고 주님께 물을 달라고 기도했다.

"하나님이여 사슴이 시냇물을 찾기에 갈급함 같이 내 영혼이 주를 찾기에 갈급하니이다"(시 42:1)라는 시편 기자의 갈급함이 절실히 다가왔다. 야생 동물들에게 물은 생명과도 같다. 중동의 사막지대는 더

"하나님이여
사슴이 시냇물을 찾기에 갈급함 같이
내 영혼이 주를 찾기에 갈급하니이다"
_시 42:1

욱 그러하다. 여행을 떠나온 내 영혼도 마찬가지였다. 하나님을 더 깊이 알고 싶고 내 영혼이 하나님의 은혜로 가득 채워지길 갈망한다. 주님은 절박한 영혼에게 은밀히 다가와 만나 주신다.

> 온 유다가 이 맹세를 기뻐한지라 무리가 마음을 다하여 맹세하고 뜻을 다하여 여호와를 찾았으므로 여호와께서도 그들을 만나주시고 그들의 사방에 평안을 주셨더라
> _대하 15:15

남은 힘을 모아 다시 힘겹게 자전거 페달을 밟았다. 저 멀리 뜨거운 대지 위로 아지랑이가 가물거린다. 얼마나 달렸을까, 희미하던 형체가 모습을 드러냈다. 코코넛이 대롱대롱 매달려있는 야자수 몇 그루가 나를 환영하듯 늘어서있었다. 저 열매 안에 물이 있다! 하지만 돌멩이 던지기만 수십 번, 진이 빠져 나무 밑에 널브러지고 말았다.

다행히 트럭 한 대가 흙먼지를 일으키며 다가왔다. 손을 흔들어 도움을 요청했다. 라오스 남자 두 명은 상황을 파악하고는 능숙하게 나무를 타고 올라가 열매를 따서 던져주었다. 몇 번이나 고맙다고 인사를 하고 배낭에서 칼을 꺼내 코코넛 안의 물을 벌컥벌컥 마셨다. 세상에서 이보다 더 맛있는 음료가 있을까 싶었다.

남은 코코넛 물을 물병에다 채우고 다시 길을 떠나며 하나님의 은혜를 묵상했다. 주님을 갈망함이 클수록 주님의 은혜는 더욱 크게 채워졌다. 목이 타들어갈 정도로 목마름을 느꼈을 때 마신 물이 환상적

이었듯, 영혼이 타들어가는 목마름을 느낄 때 주님이 부으시는 은혜는 사막의 오아시스처럼 달콤했다.

은혜받기를 소망한다고 말하지만, 사실 그 은혜란 '내가 원하는 만큼의 은혜'인 경우가 많다. 내가 위로받고 내 문제가 해결되는 정도의 은혜만 바랄 뿐, 내 삶을 주님께 드릴 만한 은혜는 바라지 않는다. 어떻게 보면 은혜를 두려워하는 아이러니다. 작은 유리잔으로는 폭포수를 담을 수 없다. '딱 이 정도만 채워주세요.'라고 간구하는 사람은 결코 넓고 깊은 하나님의 은혜를 경험할 수 없다. 은혜의 참맛을 보기 원한다면, 제한 없이 부어주시는 하나님의 은혜를 소망하고 기다려야 한다.

하나님이여 주는 나의 하나님이시라 내가 간절히 주를 찾되 물이 없어 마르고 황폐한 땅에서 내 영혼이 주를 갈망하며 내 육체가 주를 앙모하나이다 내가 주의 권능과 영광을 보기 위하여 이와 같이 성소에서 주를 바라보았나이다 주의 인자하심이 생명보다 나으므로 내 입술이 주를 찬양할 것이라 _시 63:1-3

나는 너를 애굽 땅에서 인도하여 낸 여호와 네 하나님이니 네 입을 크게 열라 내가 채우리라 _시 81:10

CHAPTER 3

신앙
훈련

신앙이란 결국 하나님에 대한 반
응이다. 어떤 일이 일어나든 그 일
이 아니라 하나님께 반응하는 것
이 성숙한 신앙이다. 세상에서 믿
음으로 살지 못하는 나를 보며 좌
절했었는데 어쩌면 당연한 결과였
다. 링에 오르는 복싱선수가 일주
일에 단 몇 시간만 훈련하고 시합
에서 승리할 수 있겠는가? 날마다
말씀과 기도로 훈련하고 거룩해져
야 한다. 하나님과의 관계가 깊어
져야 어떤 순간에도 흔들리지 않
고 믿음으로 반응할 수 있다.

성경 학교에서
성경 100독!

성경 학교에 갇히다

라오스 국경 보텐을 지나 중국의 모한으로 들어왔다. 불과 몇 걸음 걸어 국경을 지났을 뿐인데 분위기는 완전 판이했다. 도로 상태가 강원도 산골에서 메가시티 서울로 넘어온 것 같았다. 중국이 얼마나 성장했는지 실감이 났다.

진홍을 지나 험한 산들을 오르내리며 다시 쿤밍을 찾았을 때는 완연한 봄날이었다. 거리에는 파인애플, 망고, 두리안 등 열대 과일들이 넘쳐났다. 라오스에서 매일 밥과 풀만 얻어먹다가 풍요로운 먹거리들을 보니 천국 같았다.

쿤밍에 도착하자마자 운남대학교를 찾아갔다. 거기서 유학하는 오예영이라는 친구를 만나기 위해서였다. 고등학교 시절 활동하던 기독 동아리에서 몇 번 인사만 했던 사이라 사실 친구라고 하기에는 어색한 사이였다. 하지만 석 달 전, 동남아로 내려가는 길에 처음 쿤밍에 들렀을 때 찾아갔더니, 적지 않은 액수의 헌금을 건네며 기도해주었다. 석 달 만에 만난 내 행색이 안쓰러웠는지 예영이는 그날 저녁 푸짐한 저녁을 대접했다. 그리고 그간 상황을 듣고는 선교사님을 소개해주었다. 누구든 찾아가면 먹여주고 재워준다고 했다.

'세상에 그런 분이 정말 있단 말인가?' 예영이를 따라 도착한 곳은 한 아파트였다. 엘리베이터가 없어 선교사님 댁인 7층까지 걸어 올라갔다. 문을 열고 들어가니 거실에 모인 청년들이 일제히 나를 주목했다. 거지 같은 행색에다가 얼굴은 연탄처럼 시커멓게 그을려서 아마 외국인처럼 보였을 것이다.

마침 그날은 쿤밍의 유학생들이 한 달에 한 번 모여 성경을 통독하는 날이었다. 놀랍게도 2박 3일 동안 성경을 일독한다고 했다. 더 놀라운 것은 매일 이렇게 성경을 통독하는 사람들도 있었다. 성경을 100독 정도는 해야 "이제 성경을 좀 읽기 시작했구나."라고 말할 정도라고 했다. 엄청난 충격이었다. 대학교 1학년 때 신약성경을 다섯 번 읽고선 내심 우월감마저 느꼈었다. 그런데 이 사람들은 성경을 안 보는 시간보다 성경을 보는 시간이 더 많았다. 나이 어린 청소년들도 나보다 훨씬 성경을 많이 알고 있었다. 내 자신이 한없이 부끄러울 정도였다.

당분간 선교사님 댁에서 공동체 생활을 하며 성경을 읽기 시작했다. 사실 돈도 없고 잘 곳도 없는 데다, 사스 때문에 외부 지역으로 이동이 금지되어 선택의 여지가 없었다. 정말로 완벽한 하나님의 인도하심이 아닌가!

주님은 내게 말씀을 들려주시고 자신을 나타내보이기 위해 낯선 곳에 꼼짝 않고 앉아 하루 종일 성경을 읽게 하셨다. 그렇게 주님은 불가항력적인 힘으로 나를 몰아가셨다.

말씀과 씨름하다

그곳에서 성경 통독을 인도하며 성경을 가르치시는 길봉림 선교사님은 몸의 절반을 쓸 수 없는 분이셨다. 청년 시절 오토바이 사고로 장애인이 되셨는데, 그때부터 방황을 끝내고 선교사로 헌신하셨다고 한다. 딱히 정해진 후원 교회나 후원자가 있는 것도 아닌데, 하나님이 채우셔서 오랜 시간 믿음으로 사역하고 계셨다. 선교사님 가정뿐 아니라 그곳에서 생활하는 조선족과 한국 청년들도 모두 주님의 채우심을 경험하고 있었다.

하루 일과는 일정했다. 아침식사 후 오전 9시부터 성경을 통독하다가 정오엔 각 나라들을 축복하며 기도하고 다시 저녁식사 때까지 성경을 통독했다. 그리고 밤에는 예배를 드렸는데, 선교사님은 매일

2시간 가량 말씀을 전하셨고, 기도하는 시간을 가졌다. 말씀을 하나도 놓치지 않고 받아먹고 싶었다. 예수님께 개들도 그 상에서 떨어지는 부스러기를 먹는다고 말한 수로보니게 여인처럼 흘러넘치는 은혜를 내 것으로 받아누리고 싶었다. 성경을 읽고 예배를 드릴수록 말씀에 대한 열망이 끝없이 커져갔다.

처음 성경을 통독하기 시작했을 때는 너무 답답하고 힘들었다. 카세트테이프에서 흘러나오는 엄청난 속도의 말씀 낭독을 도저히 따라갈 수 없었다. 이해되지 않는 성경을 무작정 읽는 것이 시간 낭비 같았다. 너무 괴로워 성경을 찢어버리고 싶을 정도였다. 하지만 도망칠 곳이 없었다. '나도 성경을 한 500번 정도 읽으면 선교사님처럼 믿음으로 살 수 있을까? 어린 청소년들도 50독, 100독을 하는데 그들에게 질 수야 없지.' 그런 각오로 참고 인내할 수밖에 없었다.

좁은 공간에 꼼짝없이 앉아 성경을 읽는 것은 자전거를 타고 100킬로미터를 달리는 것보다 힘든 일이었다. 자전거를 탈 때는 내 안의 에너지를 쏟아내기만 하면 되지만 성경을 읽는 것은 우주보다 크신 하나님의 에너지를 내 안에 담는 작업이었다. 그런데 포기하려는 순간, 이상한 일이 일어났다. 성경을 20독 정도 했을 때였다. 성경을 읽는데 감당치 못할 만큼 성경이 쏙쏙 들어왔다. 신약을 읽는데 구약의 율법이 이해되고, 구약을 읽는데 예수님의 사랑이 느껴졌다. 그 어렵고 지루했던 모세오경을 읽으며 눈물 콧물을 쏟았다. 성경 전체를 통해 하나님이 하시려는 말씀이 이해되기 시작하니 통독이 재미있어

(위) 중국 삼자교회에서. 평일에는 성경 통독을 하다 주일이 되면 선교사님들을 도와 예배를 섬겼다. (아래) 소수민족 비전 트립에서 만난 이족 사람들.

졌다. 잠자는 시간마저 아까울 정도였다.

　말씀을 깨닫고 나니 주위 사람들에게 은혜를 나누고 싶어 견딜 수 없었다. 그렇게 빠르게 들리던 통독 테이프가 느리게 느껴졌다. 말씀은 살아서 내 안의 모든 생각과 행동을 다듬으셨다. 매일 내가 변하는 게 느껴질 정도였다. 말씀이 없을 때는 그리스도인답게 살려고 애를 써도 힘들었는데, 신기하게도 말씀이 내 안에 차고 넘치니 그리스도인의 모습이 자연스럽게 흘러나오기 시작했다.

> 하나님의 말씀은 살아있고 활력이 있어 좌우에 날선 어떤 검보다도 예리하여 혼과 영과 및 관절과 골수를 찔러 쪼개기까지 하며 또 마음의 생각과 뜻을 판단하나니
> _히 4:12

　하나님의 말씀은 날이 선 칼보다도 날카롭다. 말씀으로 우주만물을 만드신 하나님은 또한 말씀으로 우리 안의 더럽고 병든 것들과 죄악들을 잘라내신다. 세상의 좋은 교훈들이나 감동적인 이야기들은 그저 순간의 고통을 덜어주는 마취제일 뿐이지만, 하나님의 말씀은 근본적인 치료제이다.

　하나님의 말씀은 날카로운 조각칼과 같아서, 우리의 더러운 생각과 마음을 쪼개어버리고 하나님의 형상을 따라 우리를 조각해나가신다. 하나님은 말씀으로 만물을 창조하셨기에 말씀으로 회복시키실 것이다. 간절히 사모하며 목숨 걸고 성경을 읽고 기도한다면 변화되

하나님을
찾아서

지 않을 사람이 없고 치유되지 않을 질병이 없다. 기도는 성도가 하나님의 마음을 움직이는 힘이고 말씀은 하나님이 우리 마음을 변화시키는 능력이다.

성령 충만이란?

하나님은 내가 도망갈까 봐 모든 길을 막고 석 달을 꼬박 성경만 읽게 하셨다. 은혜를 경험하니 말씀이 꿀보다 더 달았다. 그 사이 나는 그동안 애지중지하던 두 가지를 동시에 잃었다. 기타와 자전거였다.

방에 기타를 세워두고 잠시 나갔다 왔는데, 기타 목이 부러져있었다. 누군가 실수로 기타를 넘어뜨린 게 분명했다. 순간 분노가 일었지만 동시에 하나님의 훈련이라는 생각이 들었다. 이전 같으면 분노를 먼저 쏟아붓고 뒤늦게 하나님을 생각했을 텐데, 감사하게도 이 모든 일에는 하나님의 선한 뜻이 있으리라는 믿음이 생겼다.

신앙이란 결국 하나님에 대한 반응이다. 어떤 일이 일어나든 그 일이 아니라 하나님께 반응하는 것이 더욱 깊고 성숙한 신앙이다. 성숙한 신앙인이 되기 위해서는 훈련이 필요하다. 그동안은 세상에서 믿음으로 살지 못하는 나를 보며 좌절했었는데, 어쩌면 당연한 결과였다. 링에 오르는 복싱선수가 일주일에 단 몇 시간만 훈련하고 시합에서 승리하리라 생각한다는 건 대단한 착각이지 않겠는가? 매일 뼈를 깎는 훈련을 하지 않는다면 시합에서 얻어맞아 박살나는 게 당연하다.

끊임없는 훈련과 연습이 있어야만 몸이 본능적으로 반응하는 실력을 가질 수 있다. 훈련이 잘된 복싱선수는 주먹이 날아오면 자동적으로 주먹을 피할 수 있다. 우리 신앙도 마찬가지다. 하나님과의 관계가 깊어져야 어떤 순간에도 흔들리지 않고 믿음으로 반응할 수 있다. 날마다 말씀과 기도로 훈련하지 않으면 그 믿음은 한순간에 무너지고 말 것이다.

며칠 뒤, 자전거를 도둑맞았을 때도 이상하게 마음에 요동함이 없었다. 오히려 감사의 고백이 터져 나왔다.

> 이르되 내가 모태에서 알몸으로 나왔사온즉 또한 알몸이 그리로 돌아가올지라 주신 이도 여호와시요 거두신 이도 여호와시오니 여호와의 이름이 찬송을 받으실지니이다
> _욥 1:21

욥의 고백이 내 입술에서 흘러나왔다. 이전 같으면 이를 갈며 근방을 샅샅이 뒤졌을 텐데 이젠 내가 알지 못하는 하나님의 뜻이 있을 거라는 생각이 먼저 들었다. 내 감정보다 하나님의 말씀이 앞선 것이다.

'사는 것이 얼마나 힘들었으면 자전거를 훔쳐갔을까?'

원망보다 오히려 훔쳐간 사람을 향해 긍휼한 마음이 들었다. 말씀이 내 안에 충만하니 마음이 부드러워졌다. 강퍅한 마음이 녹아내리고 성령께서 온유하고 부드러운 마음을 주셨다. '아, 이것이 바로 성

령 충만이구나.' 하나님의 말씀이 충만하면 성령으로 충만해진다. 예전에는 수련회 때 잠깐 뜨거워진 마음을 두고 성령 충만이라 생각하고, 유통기한이 너무 짧다고 불평했는데, 이제 보니 그것은 감정 충만이었다.

성령 충만은 하나님의 성품이 드러나는 것이다. 말씀 앞에서 자아가 완전히 깨어지면 죄에 가려졌던 하나님의 형상이 드러나기 시작한다. 말씀과 기도에 전념하면 거룩함이 드러난다. 말씀과 기도로 매 순간 예수님께 붙어있을 때 우리는 성령 충만할 수 있다.

하나님의 말씀과 기도로 거룩하여짐이라 _딤전 4:5

하나님 음성에
귀 기울이는 법

순종해보면 알게 된다

말씀을 통독하고 은혜받기 전에 나는 바리새인 같았다. 신실하게 보이기 위해 가식적인 신앙생활을 해온 것이다. 처음 통독 공동체에 들어왔을 때도 선교에 힘쓰던 형제들이 유일하게 즐기는 간식거리인 양꼬치를 과도하게 먹는다는 생각에 그들을 '탐하는 자들'이라고 판단하고 정죄하였다. 성경을 통독하면서 벌거벗고 거울 앞에 선 것처럼 내 연약함이 적나라하게 드러났다. 사람들을 향한 서운함, 질투심, 분노는 인정받기 원하는 마음에서 생겨난 것이었다. 죄의 사슬에서 벗어나려는 나의 모든 노력과 시도들은 헛된 것임을 깨달았다. 나는 용서받지 못할 죄인임을, 아무 자격 없는 사람임을 철저히 깨닫고 십자가 앞으로 나아갈 때 비로소 주님은 멍에를 벗기시고 참된 자유를 주셨다.

그러던 어느 날, 교회 단상에서 기도하다 잠이 들었는데 이상한 꿈을 꾸었다. 예배를 드리며 찬송을 부르는데 내 몸 안으로 북한이 쑥 들어오는 꿈이었다. 깜짝 놀라 잠에서 깼다. 두려움이 엄습해왔다. 북한은 다른 나라와는 그 성격이 다르지 않은가? 북한을 위해 기도하라는 것인지 아니면 북한에 가라는 것인지 주님께 뜻을 보여달라고 기도했다.

신기하게도 그날 예배가 끝나고 선교사님은 내게 돈을 주시며 탈북자를 만나라고 하셨다. 당시 탈북자들은 쿤밍을 거쳐, 라오스나 태국으로 내려가 한국대사관의 도움을 받았다. 선교사님들은 그 과정에서 찾아오는 탈북자들을 재정적으로 돕곤 했다.

그때 내가 직접 만난 탈북자는 발뒤꿈치가 다 드러날 정도로 너덜너덜한 운동화를 신고 있었다. 중국은 기차든 버스든 수시로 신분증 검사를 하기 때문에 수천 킬로미터를 걸어온 것 같았다.

'지금까지 얼마나 두렵고 힘겨운 길을 헤쳐왔을까?'

아픈 마음으로 선교사님께 건네받은 돈과 함께 복음을 전했다. 그가 무사히 국경을 지나고 예수 믿고 구원받게 해달라고 기도했다. 그날 예배 처소로 돌아와 기도하는데, 점점 북한 주민들과 지하교회를 위한 기도가 나오며 북한을 대신해서 회개하기 시작했다. 하염없이 눈물이 흘렀다. 일단 북한과 접경 도시이자 압록강이 흐르는 단둥으로 가서 하나님의 계획을 구하기로 결정했다.

공동체에 북한을 마음에 품고 떠나겠다고 알렸다. 선교사님들과 형제들은 진심으로 축복하며 기도해주었다. 그들의 귀한 헌금으로 여비가 마련되었다. 까마귀를 보내 엘리야를 먹이신 주님이 내게도 까마귀를 보내셨다며 나는 어린아이처럼 기뻐했다.

늦은 밤, 형제들과 기도하는 시간을 가졌다. 기도제목을 나누는 가운데 한 형제가 재정적인 어려움에 대해 이야기했는데, 그 순간 마음에 뜨거움이 일었다. 그 형제에게 재정이 채워질 것이라는 믿음이 생겼다. 그날 잠자리에 누웠는데 그 형제 얼굴이 머릿속에서 떠나질 않았다. 잠자리에서도 계속 기도하는데, 하나님은 갑자기 이런 마음을 주셨다.

'네가 받은 것을 모두 그에게 주어라.'

나도 헌금을 받은 것이기에 선뜻 받아들일 수가 없었다. 주님의 음성이 아닐지도 모른다고 생각했다. 그러나 그 음성은 밤새도록 나를 괴롭혔다. 기도할수록 부담감이 생기고 마음이 편치 않았다. '당장 내일 단둥으로 떠나야 하는데, 내가 가진 것을 헌금하라고? 내게 주님이 채우신 여비가 아니었던가? 자전거도 없는데 그럼 그 먼 곳을 걸어가란 말인가? 아, 이스라엘엔 도대체 언제쯤 갈 수 있을까?'

여러 가지 생각으로 잠을 이룰 수 없어 성경을 펼쳤다. 말씀 속엔 내가 고민하는 모든 문제의 답이 있기 때문이었다. 당시 사도행전이 참 재미있어서 개인 시간에는 사도행전을 반복해서 읽고 있었다. 성경을 읽어나가는데 한 구절에서 시선이 멈췄다.

> 범사에 여러분에게 모본을 보여준 바와 같이 수고하여 약한 사람들을 돕고 또 주 예수께서 친히 말씀하신 바 주는 것이 받는 것보다 복이 있다 하심을 기억하여야 할지니라
> _행 20:35

성령님은 받는 것보다 오히려 주는 것이 복이 있다고 말씀하셨다. 어떤 변명도, 저항도 할 수 없었다. 즉각 순종하기로 했다. 마음의 고민을 주님께 내려놓으니 하늘의 평안이 임했다.

'돈이 아니라 내가 너를 책임지겠다. 너는 돈을 의지하지 말고 나를 믿으라.'

처음 한국에서 출발할 때 가졌던 질문이 떠올랐다. '과연 돈이 아니라 하나님이 내 삶을 책임지시는가? 돈 걱정 하지 않고 하나님만 바라보아도 살 수 있는가? 먼저 그의 나라와 의를 구하는 삶을 살아갈 때 과연 주님이 돌보시는가?' 당시 상황은 그 질문에 대한 주님의 훈련 같았다.

'말씀에 순종해보아라. 순종하면 나의 말이 진리인지 아닌지 알 수 있을 것이다.'

내가 받은 헌금을 익명으로 형제에게 전달하였다. 정말 아무것도 남은 것은 없었지만 마음에는 기쁨이 넘쳤다. 우주가 주님의 것인데,

그 주님이 나를 책임지시니 무엇이 두렵겠는가? 일단 중국 체류 비자를 갱신하기 위해 홍콩으로 가야 했다. 기차역까지 갈 버스비도 없었지만 믿음으로 짐을 꾸려 길을 나섰다.

> 주여 이제 내가 무엇을 바라리요 나의 소망은 주께 있나이다   _시 39:7

길을 나서는 순간부터 놀라운 일들이 일어났다. 한 선교사님이 헐레벌떡 뛰어오시더니 하나님이 마음을 주셨다며 헌금을 전해주셨다. 연이어 10명이 넘는 지체들이 달려와 헌금을 건넸다. 하나같이 주님이 내게 헌금하라는 마음을 주셨다고 했다. 말씀에 순종했더니 주님은 필요한 경비를 몇 배로 채우셨다. 정말 주님이 내 삶을 책임지고 계시다니, 꿈을 꾸는 것만 같았다. 순종하면 하나님의 역사를 경험할 수 있다. 더 많은 헌금을 받은 것이 복이 아니라 하나님의 살아계심을 보고 주님이 내 기도를 들으신다는 것을 확신하게 된 것이 복이었다. 이후로도 주님은 기적적인 방법으로 필요한 재정을 넘치지도 모자라지도 않게 채우셨다.

노숙인들과 보낸 하룻밤

상쾌한 봄 날씨의 쿤밍을 벗어나 광저우로 오니 또다시 한여름의 열기가 느껴졌다. 광저우는 중국에서 가장 더운 지방이다. 무더위에 지친 중국 남자들은 웃통을 벗고 거리를 활보한다. 나 역시 현지인처럼 시원하게 윗옷을 벗고 거리를 활보했다.

광저우 시내의 한 공원에는 노숙인들이 가득했다. 그들은 밤이 되자 벤치와 계단 등 누울 만한 곳에 자리를 잡기 시작했다. 나는 빵을 사서 전도지와 함께 노숙인들에게 나누어주었다. 쿤밍에서 조선족 동생에게 배운 중국어로 "예수님이 당신을 사랑하십니다. 예수님이 우리 죄를 대신해 십자가에서 죽으셨습니다. 예수님을 믿어야 천국에 갑니다!"라고 짧게 복음을 전하며 다녔다. 내 차림새가 자신들과 별반 다를 게 없어서인지 그들은 아무 경계심도 없이 빵과 전도지를 받아들었다. 간혹 전도지는 거절하고 빵만 받는 사람도 있었지만, 대부분은 전도지를 꼼꼼하게 읽어보았다. 이들 가운데 단 한 명이라도 예수님을 만나고 새 생명을 얻게 되길 간절히 기도했다.

그러고는 나도 공원 한쪽 계단에 자리를 잡고 누웠다. 텐트를 꺼내도 되지만 괜히 미안한 마음이 들어 매트만 깔았다. 비록 돈도 없고 집도 없고 정처 없이 떠도는 유랑자 신세지만 내 마음은 주님이 주시는 은혜로 부요했다.

하늘에 둥근 보름달과 별들 모두 주님이 주신 선물 같았다. 그렇게 하늘을 이불 삼아 누워 MP3플레이어에 이어폰을 연결해 성경 통독을 이어나갔다. 이제 어딜 가든지 어디에 있든지 성경을 손에서 놓지 않았다. 하나님 말씀을 늘 가까이하니 마음도 생각도 오로지 주님께 집중할 수 있었다.

오직 강하고 극히 담대하여 나의 종 모세가 네게 명령한 그 율법을 다 지켜 행하고 우로나 좌로나 치우치지 말라 그리하면 어디로 가든지 형통하리니 이 율법책을 네 입에서 떠나지 말게 하며 주야로 그것을 묵상하여 그 안에 기록된 대로 다 지켜 행하라 그리하면 네 길이 평탄하게 될 것이며 네가 형통하리라

_수 1:7,8

헌신된 그리스도인 한 명만 있다면

광저우에서 선전을 거쳐 홍콩으로 갔다. 쿤밍의 한 선교사님이 알려주신 한인교회를 찾아갔다. 그 교회에는 선교사를 위한 게스트 룸이 있었다. 목사님은 내가 비록 정식 파송 선교사는 아니지만 사정을 아시고는 그 방을 이용하도록 배려해주셨다. 중국 비자를 갱신하려면 열흘을 그곳에서 지내야 했다. 물가가 엄청나게 높은 곳이라 걱정이 되었지만, 하나님의 강하신 손이 나를 붙들고 있음을 생각하니 곧 염려가 사라졌다.

게스트 룸에서 밤낮으로 성경을 읽었다. 하나님을 알아가는 것이 이렇게 즐거운 일인지 몰랐다. 며칠 뒤엔 한국의 한동대 선교 팀이 중국에서 아웃리치를 마치고 교회를 방문했다. 대부분 나보다 한두 살 많은 형과 누나들이었는데, 나를 세심하게 챙겨주었다. 시내 구경을 갈 때도 놀이공원을 갈 때도 나를 꼭 데리고 다녔다. 내 간증을 듣고는 하나님의 일하심이 놀랍고 신기하다고 감탄했다. 보잘것없는 나를 통해 선교의 사명이 흘러가는 것이 참 감사했다. 홍콩 한인교회

목사님께서는 우리에게 보여주고 싶은 것이 있다며 어느 산에 있는 불교사원으로 데려갔다. 알고 보니, 그곳은 사원이 아니라 교회와 신학교였다. 그 뒤에는 숨은 사연이 있었다.

1890년, 홍콩이 중국 땅이었을 때에 노르웨이의 칼 라이헬트 선교사님은 불교도들과 승려들이 많은 도풍산 일대를 전도해야겠다고 마음먹었다. 광둥을 선교하는데 중요한 전략적 위치라고 판단한 것이다. 하지만 낯선 이방인에게 중국인들은 마음을 쉽게 열지 않았다.

그런 중국인들에게 다가가기 위해 칼 라이헬트 선교사님은 승려처럼 삭발을 하고 손엔 성경책을 들고 매일 도풍산을 오르며 사찰들을 심방했다. 선교사님은 승려들에게 불교에 관한 지식들도 배우고 동시에 성경을 가르쳤다. 불교 사원을 드나든다는 소문이 퍼지면서 칼 라이헬트 선교사님은 이단으로 오해를 받아 후원도 모두 끊기고 목사 자격마저 박탈당할 위기에 처했다.

하지만 그는 중국을 향한 하나님의 긍휼한 마음을 품은 채 어떤 어려움에도 굴복하지 않고 매일 도풍산을 올랐다. 무려 32년 동안 온갖 박해를 참아내며 전도한 결과 승려 70명이 예수 믿고 세례를 받았고 불교 사원이 교회와 신학교가 되는 놀라운 기적이 일어났다. 이렇게 도풍산 안에 절의 모습을 한 루터란신학대학교가 탄생한 것이다.

루터란신학대학교는 아시아에서 가장 많은 기독 서적을 보유한 규모 있는 학교로 성장했다. 그곳에 세워진 기독교 출판사를 통해 엄청난 물량의 성경 교재들이 중국 대륙으로 공급되고, 신학교에서는 선교사들이 양성되는 등 대륙 선교의 교량 역할을 감당하고 있다. 선교사님이 처음 보았던 비전, 그것이 100년이 지난 지금 그대로 이루어진 것이다.

한 명의 헌신된 그리스도인으로 인해 놀라운 기적이 일어났다. 하나님이 말씀하신 것을 붙들고 포기하지 않고 인내하면 기적은 반드시 일어난다. 하나님이 하시는 일들의 열매를 반드시 보게 된다.

아직도 사원의 모습으로 남아있는 이유는 선교사님이 인내하며 복음을 증거했던 그 부르심과 헌신을 기리기 위함이라고 했다. 어려움 속에서도 하나님이 주신 꿈을 포기하지 않는 믿음의 사람을 통해 하나님의 나라는 이루어져가는 것이다.

> 믿음은 바라는 것들의 실상이요 보이지 않는 것들의 증거니 선진들이 이로써 증거를 얻었느니라
> _히 11:1,2

사원 내부는 예배당 형태로 리모델링되어 있었다. 루터란신학대학교를 거닐며 십자가를 지고 예수님을 따르는 그리스도인의 삶에 대해 생각했다. 결코 쉽지 않지만, 가장 영광스러운 길임에 틀림없었다.

초대교회 때 '그리스도인'이라는 호칭은 원래 믿지 않는 자들이 성도들을 부르던 호칭이다. 다시 말해 세상 사람들이 볼 때, 성도들은 분명한 '그리스도의 사람'이었다. 그렇다면 나는 어떠한가? 세상 사

람들 앞에서 그러한 사람인가? 진정한 성도라면 교회에서가 아니라 세상에서 '그리스도인'이라는 이름으로 불려야 할 것이다.

100만 원짜리 수업

목사님께 맛난 식사까지 대접받은 뒤 교회로 돌아왔다. 잠시 쉬었다가 형들을 따라 시내 나갈 채비를 했다. 그런데 카메라가 보이질 않았다. 카메라는 내가 한국에서 꾸려온 모든 물건을 합친 것보다도 비싼 것이었다. 교회를 샅샅이 뒤졌지만 결국 찾지 못했다. 낮에 교회에 들렀다는 어느 국제학교의 중고생들이 의심이 갔지만 어쩔 도리가 없었다. 자전거 도난, 부러진 기타에 이어 이젠 카메라까지 잃어버리다니…….

주님께서는 내가 의지할 수 있는 모든 것을 가져가버리셨다. 사실 카메라는 최후의 보루였다. 고가여서 정말 급한 상황이 발생한다면 팔아서라도 위기를 모면하려고 생각하고 있었다. 그런데 주님께서는 내게 온전한 신뢰를 요구하셨다. 순수하게 하나님 한 분만을 의지하는 믿음을 원하셨던 것이다.

이스라엘 백성들은 하나님을 믿지 않았던 적이 없다. 하나님을 사랑하지 않은 적도 없다. 다만 그들은 하나님을 믿으면서도 동시에 다른 무언가를 믿었고 하나님을 사랑하면서도 다른 무언가를 더 사랑하였다. 그것은 하나님께서 가장 미워하는 '죄'였다.

주님께서는 내게 닥치는 모든 상황에서 돈도 사람도 아닌, 하나님 한 분만을 의지하길 바라셨다. 전적으로 하나님만을 바라보는 순전한 믿음을 요구하신 것이다.

그뿐 아니라 성령 하나님께서는 내게 또 이렇게 질문하셨다.

'너는 내가 피로 산 한 영혼을, 오늘 카메라를 찾던 그 심정으로 찾아 헤맨 적이 있느냐? 그 애타는 마음으로 영혼을 구하기 위해 사력을 다한 적이 있느냐?'

부끄러웠다. 나는 100만 원짜리 카메라가 아주 소중했기에 그토록 절박하고 간절하게 찾아 헤맸다. 그런데 100만 원과는 비교도 할 수 없는, 예수님이 피로 사신 한 영혼을 그토록 찾아본 적이 있었는가? 주님의 명령이니까 순종해야 하니까 전도한 것이지, 한 영혼을 진심으로 사랑해서 한 영혼이 예수를 알지 못하는 게 안타까워 복음을 전한 적이 있었던가? 여전히 형식적인 전도, 형식적인 신앙의 모습만 있을 뿐이었다.

주님께 엎드려 눈물로 기도했다. 예수님은 버려진 나를 구하기 위해 그토록 애태우시며 헤매셨다. 어떤 고통도 감내하며 나를 찾아오셨다. 홀로 신음하며 두려움에 갇힌 나를 찾으시고 내 영혼의 문을 두드리셨다. 하나님을 찾겠다고 한국을 떠나왔지만, 실은 예수님이 먼저 나를 찾기 위해 이 땅에 오셨다! 가슴이 뜨거워졌다.

볼지어다 내가 문 밖에 서서 두드리노니 누구든지 내 음성을 듣고 문을 열면 루터란신학대학교의 토대를 만드신 칼 라이헬트 선교사님 역시 예수님의 심정으로 날마다 사찰에 올랐을 것이다. 그곳에서 죽어가는 영혼들을 살리기 위해 당신은 죽으러 간 것이다. 한 영혼을 살리기 위한 애절한 마음. 그 마음이 예수 그리스도의 마음이요, 그 마음을 품어야만 주님이 주신 사명을 다할 수 있을 것이다.

그날 100만 원짜리 수업료를 내고 귀한 진리를 깨달았다. 예수님의 마음을 깨달으니 수업료가 전혀 아깝지 않았다. 나는 '주님의 마음을 가르쳐주시려고 내 카메라를 가져가셨군요!'라고 고백했다. 신학 공부만으로는 결코 배울 수 없는 수업. 하나님을 알기 위해선 성경을 앎과 더불어 하나님을 경험해야 한다.

하나님이 행하시는 모든 일에는 분명한 목적이 있다. 믿음으로 바라본다면 그 어떤 대가조차 우리에게 주시는 값진 선물임을 깨달을 수 있을 것이다.

말씀 사역에
눈을 뜨다

불안과 믿음의 공존

벼랑 끝에 서있는 것 같았다. 곧 비자가 나오고 단둥으로 떠나야 하는데, 그만한 경비가 없었다. 매일 매 순간, 주님께 매달렸다. 주님이 채우시지 않으면 굶어야 했다. 막상 배가 고프니 불안이 싹트기 시작했다. 이놈의 불안은 밟아도 밟아도 다시 살아나는 잡초처럼 끈질긴 생명력을 가졌다. 마침 이어폰으로 흘러나온 성경 말씀이 큰 힘이 되었다.

그러므로 내가 너희에게 말하노니 무엇이든지 기도하고 구하는 것은 받은 줄

하나님을
찾아서

하나님 말씀에 다시 집중했더니 점점 믿음이 커져갔다. 여전히 내 속엔 믿음뿐 아니라 불안이라는 생명체가 공존했다. 내 생각이 깊어질 때는 불안이 성장하고, 하나님 생각이 깊어질 때는 믿음이 성장했다. 불안이 더 크면 내가 자꾸 무언가를 하려 했고, 믿음이 불안보다 더 크면 잠잠히 기다릴 수 있었다.

'하나님께서 하실 것입니다. 벼랑 끝에 서있어도 두렵지 않습니다. 가파른 절벽 길을 걸을지라도 예수님이 나와 동행하십니다.'

그렇게 믿음과 불안 사이를 오고가며 걷고 있던 어느 날이었다.

"김영광!"

갑자기 뒤에서 내 이름을 부르는 소리가 들렸다. 돌아보니 어디서 본 듯한 여자가 내게로 뛰어왔다.

"너 영광이 맞지? 갑자기 휴학하고 학교에서 사라지더니 홍콩에서 만나네?"

놀랍게도 홍콩 도심 한복판에서 대학교 선배를 만났다. 학교 채플 시간을 위해 기도로 준비하고 예배 안내 봉사를 같이 했던 누나였다. 핼쑥한 내 얼굴을 보더니 왜 이리 살이 빠졌냐며 안쓰러워했다.

누나는 속한 선교단체에서 중국으로 단기선교를 왔다가 마침 그날 홍콩에서 한국으로 가는 비행기를 탄다고 했다. 내 휴학 소식을 듣고 걱정했는데 이런 여행을 하는 줄은 몰랐다고 했다. 앞으로 이스라엘까지 가는 동안 꼭 기도하겠다고 약속하고서는 내 손에 빨간색 중국 전통 비단 지갑을 쥐어주었다. 남은 중국 돈이 있어 어찌해야 할지 고민했는데 마침 내가 지나가더란다. 마음이 벅차올랐다. 재정 적인 필요가 채워졌다는 사실보다 살아계신 하나님을 느낄 수 있어 더욱 감격스러웠다.

하나님의 일하심은 놀랍다! 어떻게 복잡한 홍콩 거리에서 뒷모습만 보고 나를 알아봤을까? 하나님은 내 작은 신음 소리까지 듣고 계셨다. 기도하고 구한 것을 받은 줄로 믿으면 그대로 되리라는 주님 말씀에 확신이 생겼다. 나 혼자 벼랑 끝에 서있는 게 아니었다. 그곳 엔 주님이 나의 손을 꼭 붙들고 함께 계셨다.

> 네가 물 가운데로 지날 때에 내가 너와 함께 할 것이라 강을 건널 때에 물이 너를 침몰하지 못할 것이며 네가 불 가운데로 지날 때에 타지도 아니할 것이요 불꽃이 너를 사르지도 못하리니
> _사 43:2

무사히 홍콩에서 비자를 갱신하고 다시 중국 광저우로 돌아왔다. 그 사이 수중에 남은 돈은 한국 돈으로 몇 백 원뿐이었다. 광저우 시내를 걷다가 맥도날드를 지나는데 햄버거가 매우 먹고 싶었다. 하지만 가진 돈으로는 아이스크림 하나 겨우 살 수 있을 뿐이다. 사르밧에 살던 과부가 한 끼의 마지막 식량을 가지고 있었던 것처럼, '주님, 이 아이스크림 먹고 순교하겠습니다.' 하는 비장한 마음으로 가진 돈

하나님을
찾아서

을 털어 아이스크림을 샀다. 마음으로는 솔직하게 햄버거가 매우 먹고 싶다고 기도하며 아이스크림을 먹는데, 꽤 많은 양의 햄버거 세트를 든 남자가 두리번거리더니 내가 앉은 테이블 맞은편에 앉았다. 부러운 마음으로 그저 바라만 보고 있는데 갑자기 남자의 휴대폰이 울렸다. 그런데 남자는 "여보세요?" 하고 한국말로 받는 게 아닌가! 통화가 끝난 뒤 내가 먼저 반갑게 인사를 했다. 남자도 깜짝 놀라며 반가워했다. 초라한 행색에 달랑 아이스크림 하나 들고 있는 모습이 안쓰러웠는지 내게 햄버거를 권했다.

"혹시 식사를 안 하셨다면 제가 좀 넉넉하게 산 것 같은데 같이 드시겠어요?"

"네, 감사합니다! 정말 혼자 드시기에는 좀 많아 보이네요!"

놀랍게도 그분 역시 크리스천이셨다. 온누리교회 집사님이신데, 이곳으로 출장을 50번도 넘게 왔지만 한국 사람을 만난 게 처음이라고 했다. 내 이야기를 듣고는 큰 도전이 되었다며 헤어질 때 헌금까지 주셨다.

어린아이와 같은 내 작은 신음에도 응답하시는 주님. 이스라엘 백성들에게 매일 만나와 메추라기를 주신 것처럼 주님은 나를 먹이셨다. 어느새 내 입술에서는 "참으로 신실하신 살아계신 하나님!"이라는 고백이 터져 나왔다.

북한을 향한 마음을 품고 쿤밍을 출발한 지 두 달 만에 드디어 단둥에 도착했다. 단둥은 중국과 북한의 국경 도시인데, 압록강을 사이에 두고 강만 건너면 신의주였다. 단둥에는 쿤밍에서 함께 성경 통독을 했던 형이 탈북자를 위한 선교기관에서 일하고 있었다. 형과 3주 정도 한방에서 지내며 날마다 기도하고 서로 번갈아 설교하며 하나님이 북한을 얼마나 사랑하시는지를 깨달아갔다.

압록강 앞에서 기도할 때마다 주님께 왜 이곳으로 부르셨는지 물었다. 사실 쿤밍을 떠나올 때는 북한으로 들어가겠다고 생각했다. 압록강은 한강처럼 폭이 넓은 강이지만 상류로 올라가면 좁아지는 지역이 있어서 어렵지 않게 북한으로 넘어갈 수 있었다.

그곳에는 탈북자 선교 팀이 있었는데, 대부분 미국 국적을 가지고 전문 사역자로서 북한을 왕래하는 분들이었다. 한번은 막 압록강을 건넌 탈북자 성도와 조선족 사역자가 예배에 와서 간증을 했다. 하나님은 북한에서 놀라운 일을 일으키고 계셨다. 핍박 속에서 여전히 하나님의 역사가 지하교회를 통해 왕성하게 일어나고 있었다.

문득 쿤밍에서 선교사님께 들은 중국 선교 이야기가 생각났다. 중국의 선교 역사는 300년 정도이다. 서양 선교사들이 핍박 속에서도 복음을 전한 덕분에 성도가 200만 명 가까이 늘었다. 그러나 1970년 문화혁명이 일어나면서 중국 교회는 엄청난 환난을 겪었다. 중국 정부는 공산당에 위협적인 조직들을 대대적으로 숙청했다. 대부분의 선교사들이 옥에 갇히거나 본국으로 추방당했다. 그들은 중국을 떠나며 탄식과 눈물을 쏟았다고 한다.

'하나님, 이 땅을 버리실 것입니까? 이제 중국의 수많은 영혼에게 누가 복음을 전합니까?'

실제로 선교사들이 문화혁명 후에 다시 중국을 방문했을 때는 교회를 전혀 찾아볼 수 없었다. 황폐해진 중국을 보며 낙담하던 그때, 지하교회가 발견되었다. 중국 성도들은 산과 들, 보이지 않는 곳에서 여전히 예배를 드리고 있었다. 그 사이 성도는 5천만 명에 육박할 정도로 늘었다. 중국 성도들은 완전히 복음에 헌신했고 하나님의 부흥을 경험했다.

게다가 간증하신 분은 북한 교회 성도들이 복음의 순수성을 잃어버린 한국 교회를 위해 눈물로 기도한다고 했다. 그야말로 충격이었다. 늘 한국이 북한을 위해 기도한다고 생각했지 그 반대로는 상상도 못했었다. 한국 교회에 일침을 놓는 한마디도 잊지 않으셨다. "한국에서 통일이 되면 북한 교회를 돕기 위해 돈을 모은다고 들었는데, 선교는 돈으로 되는 게 아닙니다." 오히려 돈으로 하나님의 일을 하려고 할 때 복음의 능력을 잃게 된다고 했다.

목숨을 걸고 북한을 탈출했던 사람들이 예수님을 만나고 북한을 살리기 위해 다시 압록강을 건너는 일도 일어났다. 압록강에는 매일 시체들이 떠내려갔다. 굶주림을 참지 못해 압록강을 건너다 총에 맞기도 하고 강을 건너다 진이 빠져 목숨을 잃는 경우도 있었다. 그런

무시무시한 압록강을, 가족과 친척에게 복음을 전하기 위해 다시 건너는 것이다. 과연 일어날 수 있는 일인가? 한국 교회에 이런 믿음이 있는가?

북한의 지하교회 성도의 간증을 듣는 내내 얼굴이 빨개질 만큼 부끄러웠다. 그들보다 복음을 더 잘 알고 예수를 더 잘 믿는다고 생각했는데, 지금 단둥에서 북한 성도에게 복음을 배우고 있다니! 그들에게 생명력 있는 믿음을 배워야 했다. 죽은 지식이 아니라 목숨까지 내놓고 신앙을 지키는 살아있는 믿음을 배워야 했다.

중국 선교사 허드슨 테일러는 선교사 후보생 면접 자리에서 이렇게 질문했다.

"중국에서 선교를 하려는 동기가 무엇인가요?"

후보생들은 이렇게 대답했다.

"예수님께서 우리에게 선교를 명령하셨기 때문입니다."

"모든 민족들에게 복음이 증거되어야 예수님이 다시 오실 것이기 때문입니다."

이에 허드슨 테일러가 이렇게 말했다.

"여러분들이 대답한 동기만으로는 부족합니다. 그것만으로는 목숨을 위협하는 고통과 두려움을 이겨낼 수 없습니다. 선교의 유일한 동기는 예수님을 사랑하는 마음에서 시작되어야 합니다."

이 세상에 죽음보다 강한 것이 있다면 바로 사랑이다. 사랑하는 사람을 위해서라면 담대히 죽음도 선택할 수 있다. 선교도 마찬가지다.

하나님을
찾아서

예수님을 뜨겁게 사랑하는 사람은 결코 두려워하지 않는다.

> 사랑 안에 두려움이 없고 온전한 사랑이 두려움을 내쫓나니 두려움에는 형벌
> 이 있음이라 두려워하는 자는 사랑 안에서 온전히 이루지 못하였느니라
>
> _요일 4:18

흩어지는 것이 주님의 뜻이다

한 달 뒤, 옌타이로 이동해서 쿤밍 선교사님 소개로 조선족 사역자인 이바울 집사님을 만났다. 알코올 중독에 빠진 조선족을 말씀으로 회복시키는 사역을 하는 분이었다. 그곳에서 한 달 가량, 조선족을 전도하여 성경을 가르치고 양육하는 집사님의 사역을 도왔다. 집사님은 집에서는 밥 먹는 시간을 제외하고는 항상 골방에서 기도했다. 집 밖으로 나가면 어디를 가든 항상 전도를 하셨다. 이보다 더 열정적인 사역자를 만나본 적이 있나 싶을 정도였다.

한국이나 외국 선교사들은 보안 때문에 아주 조심스럽게 전도하는데 중국 현지 사역자들은 공안에게 잡아가라는 듯 대놓고 전도했다. 당장 오늘 밤에라도 예수님이 오실 것처럼 쉬지 않고 복음을 전했다. 이러한 열정이 있기에 중국 교회가 부흥하는구나 싶었다.

두 달 동안 집사님과 밥과 김치만 먹었다. 내 앞에 밥 한 공기, 집사님 앞에 밥 한 공기, 그 사이에 달랑 김치 한 보시기가 끝이었다. 집

사님은 항상 반찬이 없어 미안하시다며 이렇게 말씀하시곤 했다. "아무리 배가 고파도 기도하는 게 더 급하지요. 천국 문이 열렸는데 어찌 복음을 아니 전할 수 있겠소." 정말 집사님은 아무리 급한 일이 있어도 밥은 못 먹을지언정 기도는 거르지 않으셨다.

하나님께 쓰임받고 있다는 기쁨에 하루하루가 감사했다. 술과 도박에 중독된 조선족들이 회개하고 주님께 돌아오는 모습을 볼 때면 정말 감격스러웠다. 사람이 변화되는 것은 하나님이 행하시는 가장 놀라운 기적이었다.

그러던 어느 날 문제가 발생했다. 물론 사람 입장에서는 문제였지만 하늘나라 시각으로 본다면 분명 주님의 선한 계획이었으리라 믿는다. 그날 나는 여권 문제로 칭다오 영사관에 다녀왔다. 어찌나 기다리는 사람이 많던지, 밤늦게야 집에 도착했다. 현관문을 열고 들어가는데 무엇인가 이상했다. 집사님은 안 계셨고 방 안 물건들이 어지럽혀 있었다. 교회의 조선족 형제에게 연락을 했다. 집사님이 거기 계시냐고 물었는데 그는 상기된 목소리로 "폭탄을 맞았다."고 했다.

중국의 기독교인들 사이에서 이 말은 공안들이 쳐들어왔다는 것을 뜻한다. 집사님이 공안에게 잡혀간 것이다. 서둘러 베란다로 가서 배낭을 찾았다. 배낭에 성경책과 중국어판 전도지, 여권 복사본이 있으니, 만약 공안이 배낭을 발견했다면 나 역시 잡혀갈 것이 분명했다. 순교도 두려워하지 않는 믿음을 달라고 기도했었는데 심장이 쿵쾅거렸다.

긴장된 마음으로 베란다를 뒤지는데 먼지로 뒤덮인 내 가방이 보였다. 베란다에 워낙 지저분하게 짐들이 쌓여있던 터라 공안들이 살펴보지 않은 것이다. 서둘러 피할 곳을 찾아야 했다. 중국에서 선교했다는 증거가 드러나면 공안에게 끌려가거나 추방당할 것이 분명했다.

문득 석 달 전에 베이징에서 만난 목사님이 생각났다. '성경 통독 한인 목회'를 하시며 선교 사역을 감당하는 분인데, 내게 지난으로 와서 동역하면 좋겠다고 제안하셨었다. 지난은 옌타이에서 4시간 정도면 갈 수 있는 도시였다. 또한 쿤밍에서 성경을 같이 읽었던 전도사님 두 분이 그 목사님과 동역하고 있었다.

목사님께 연락을 드리고 지난으로 향하는 기차에 올랐다. 매일 골방에 엎드려 눈물로 기도하셨던 집사님을 생각하니 기도를 멈출 수 없었다. 누굴 만나든지 복음을 전하셨던 분……. '주님, 집사님 꼭 풀려나게 해주세요. 집사님을 통해 중국의 구원받지 못한 영혼들이 예수님을 알 수 있도록 도와주세요.'

지난에 도착하니 목사님 가족과 두 전도사님이 반갑게 맞아주셨다. 알고 보니 전도사님들도 서안에서 탈북자 사역을 돕다가 공안들에게 발각되어 지난으로 도망을 온 것이라고 하셨다. 한곳에 머무는 것이 아니라 자꾸 흩어져 사역하는 모습을 보며 이것이 중국 교회 부흥의 원동력이 아닐까 하는 생각을 했다.

교회가 자꾸 사람을 모으려고 하고 대형화되는 것은 교회가 쇠퇴한다는 징조다. 교회는 사명을 품은 자들을 자꾸 내보내야 한다. 모으는 것이 아니라 보내는 것이 교회의 목적이 되어야 한다. 초대교회 당시, 예루살렘 교회도 시간이 지날수록 점점 대형화되었다.

그 말을 받은 사람들은 세례를 받으매 이 날에 신도의 수가 삼천이나 더하더라

_행 2:41

말씀을 들은 사람 중에 믿는 자가 많으니 남자의 수가 약 오천이나 되었더라

_행 4:4

부흥한 예루살렘 교회 성도들은 다양한 교제와 탁월한 설교를 들으며 매우 만족했을 것이다. 그러나 하나님은 예루살렘 교회가 커지는 것을 기뻐하시지 않았다. 그래서 예루살렘 교회에 강력한 핍박을 주셨고 성도들은 각 지역으로 뿔뿔이 흩어졌다.

사울은 그가 죽임 당함을 마땅히 여기더라 그 날에 예루살렘에 있는 교회에 큰 박해가 있어 사도 외에는 다 유대와 사마리아 모든 땅으로 흩어지니라

_행 8:1

인간의 생각으로는 성도들이 흩어진 것을 마치 저주처럼 느꼈을 지 모른다. 하나님이 교회를 버리셨다는 생각마저 들 수 있다. 그런데 하나님의 관점에서 그 일은 오히려 축복이었다. 예루살렘 교회가 흩 어진 일은 오히려 전 세계 교회 부흥의 씨앗이 되었다.

예루살렘에 모여있던 성도들은 아프리카로 아시아로 유럽으로 핍 박을 피해 흩어지기 시작했다. 흩어진 그들은 디아스포라를 형성해 예배를 드렸고 그러한 지하교회들이 세계 각 지역에 생겨나기 시작 했다. 디아스포라를 중심으로 생겨난 교회를 기점으로 그 지역에 복 음이 전파되었다. 그리고 200여 년이 지나서는 기독교가 거대 로마 제국의 국교가 될 만큼 엄청난 수의 그리스도인들이 생겨났다. 지금 세계 각지에 수많은 교회가 세워진 것은 예루살렘 교회가 흩어졌기 때문이다.

지난에 도착하고 몇 주 뒤, 이집사님과 연락이 되었다. 몇 주 동안 감옥에서 심문을 받고 풀려나셨다며, 예수님 때문에 감옥에 갈 수 있 어서 감사하다고 하신다. 감옥에 복음을 들어야 할 영혼들이 많아서 다시 가야 할 것 같다며 허허 웃으셨다.

하나님은 세계 곳곳에 정금과 같은 믿음의 사람들을 세워두셨다. 이름도 빛도 없이 주님께 귀하게 쓰임받는 사람들. 그들은 영광받고 존경받는 그런 자리가 아니라 아무도 인정해주지 않는 곳에서, 어둠을 밝히기 위해 고군분투하고 있다. 수많은 빛들 속에서 더 빛나기 위해 경쟁하는 것이 아니라 빛을 들고 조용히 어둠을 향해 떠나는 것이다. 과연 나는 사람들에게 인정받는 삶을 소망하는가? 아니면 하나님께 인정받는 삶을 바라는가?

> 지혜 있는 자는 궁창의 빛과 같이 빛날 것이요 많은 사람을 옳은 데로 돌아오게 한 자는 별과 같이 영원토록 빛나리라
> _단 12:3

하나님의 권위는 어디서 오는가

지난에서 성경 통독을 하며 전도사로서 사역도 하게 되었다. 한인 교회 중고등부와 중국 유학생을 대상으로 하는 캠퍼스 사역이었는데, 이런 외진 곳에는 사역자를 구하기 쉽지 않기에 나처럼 어린 청년도 성도들이 반겨주고 귀하게 대해주었다. 나는 이스라엘 백성이 가나안을 향해 가는 도중 가데스 바네아에 머물렀던 것처럼 일단 멈추었다. 기도하는 중에 주님은 이렇게 응답하셨다.

"여기서 내가 너를 훈련시키고 다시 이스라엘로 인도하겠다. 너는 깨어 복음을 전하라."

사례비도 없었지만 하나님은 당신의 종들을 통해 필요한 부분을 부족함 없이 채우셨다. 굉장히 바쁜 나날이었다. 오전과 오후에는 주로 교회에서 성경 통독을 하고 저녁에는 각 캠퍼스로 이동해 유학생

사역을 했다. 2~3명이 생활하는 기숙사 방에 8명, 많게는 10명이 모여 예배를 드렸다. 그러고 집에 돌아오면 밤 12시가 넘곤 했다. 하루에 4시간 정도를 자고 나머지 시간은 대부분 성경을 읽거나 가르치는 시간으로 보냈다.

스물한 살, 아직 어리다고 볼 수 있는 나이지만 주님이 사역 현장을 경험하게 하시니 참 감사했다. 한인교회는 날마다 부흥 성장했다. 반년 정도 뒤엔 앉을 자리가 없어 예배당 벽을 헐어 확장 공사를 할 정도였다. 사역자들은 한마음이 되어 서로를 위해 기도하고 협력했다. 한번은 주일 예배 시작 10분 전에 기타 줄이 끊어졌는데 목사님이 직접 기타 줄을 사오셨다. 혹시 끊어진 기타 줄 때문에 예배에 차질이 생길까 봐 택시를 타고 다녀오신 것이다. 함께 사역하던 동역자들은 목사님이 설교하실 때면 그 말씀을 통해 성도들의 영혼이 깨지고 채워지길 간절히 기도했다.

오후 예배 때는 전도사님들이 돌아가며 설교를 했다. 내게도 설교할 기회가 주어졌다. 성도들은 나를 어린 사역자라고 무시하지 않고 내가 전하는 말씀을 하나님이 주시는 것으로 받아들였다. 목사님도 내가 나이 때문에 힘든 일을 당하지 않을까 늘 세심하게 신경써주셨다.

당시 젊은 나이에 사역을 시작한 디모데를 모델로 삼아 열심히 연구했다. 디모데전후서를 자주 묵상했는데, 디모데전서에서 "누구든지 네 연소함을 업신여기지 못하게 하라"(4:12)는 사도 바울의 권면이 꼭 내게 주시는 말씀 같았다. 사역자의 권위는 어디서 오는 것일까? 사

지난에서 전도사로 사역할 때의 모습. 스물한 살, 아직 어리다고 볼 수 있는 나이지만 주님이 사역 현장을 경험하게 하시니 참 감사했다.

도 바울은 이렇게 권면한다.

> 누구든지 네 연소함을 업신여기지 못하게 하고 오직 말과 행실과 사랑과 믿음
> 과 정절에 있어서 믿는 자에게 본이 되어　　　　　　　　　　_딤전 4:12

드디어 해답을 찾았다. 말과 행실, 사랑과 믿음, 정절에 있어 본이
되는 것이 참된 믿음의 사람이다. 하나님의 사람임이 드러나면 나이
나 직분에 상관없이 하나님이 그 사람에게 권위를 주시는 것이었다.
사람이 의도적으로 만들려고 하는 권위에는 부작용이 따르게 마련이
다. 이는 권위를 가장한 교만이다. 마귀의 속성인 교만은 오히려 사람
들에게 반감을 주고 사람들로 그 권위를 미워하게 만든다. 그러나 예
수님의 인격이 드러나고 겸손하게 믿음으로 살아가는 모습이 드러난
다면 권위는 자연스럽게 세워진다.

주말엔 모든 사역자들이 공원으로 나가 전도지를 나눠주며 중국
인들을 전도했고, 한인교회 예배가 끝나면 담임목사님이 개척한 중
국 가정교회에서 함께 예배를 드렸다. 육체적으로는 힘든 일과였지
만 모든 사역자들이 성령에 사로잡혀 영혼은 기쁨으로 충만했다.

길이 막히는 것도 하나님의 인도하심이다

어느덧 한국에서 나온 지 1년이 지났다. 그때 예상치 못한 난관에

봉착했다. 군대를 갔다오기 전이라 해외 체류가 1년만 가능한 단수여권을 만들어 나온 게 문제였다. 외국에 더 있으려면 복수여권이 필요한데, 군 미필자가 해외에서 복수여권을 만들려면 절차도 복잡하고 무엇보다 목돈이 필요했다.

당혹스러웠다. 여권을 연장하지 못하면 한국으로 돌아가야 했다. 이스라엘까지 가는 게 하나님의 뜻이라면 복수여권을 허락해달라고 기도하기 시작했다. 하지만 상황은 점점 더 어려워져만 갔다. 여권 만료일이 다가오자 진짜 짐을 싸야 하는 것 아닌가 심각하게 고민했다. 그래도 주님이 책임져주실 거라 믿고 계속 기도했다. 내게 약속을 주신 분이 그 약속을 분명히 이루실 것이라 믿었다. 기도하며 성경을 읽는데 주님은 내게 말씀으로 위로하셨다.

> 너희 염려를 다 주께 맡기라 이는 그가 너희를 돌보심이라　　　　_벧전 5:7

길이 열리는 것도, 길이 막히는 것도 모두 하나님의 선하신 인도하심 속에 있다는 생각이 들었다. 나는 주님께 앞길을 온전히 맡겨드리면 되는 것이었다.

그러다 며칠 뒤 한국에서 엄마로부터 이메일을 받았다. 내용은 부모님이 다니는 도봉성결교회 황명식 담임목사님(현재는 원로목사님)께서 개인적으로 내게 100만 원을 헌금하셨다는 것이다. 한 번도 뵌 적 없는 분인데 사모님을 통해 나의 선교 여행 이야기를 들으셨다고 한다. 목사님은 기도하는데 이상하게 계속 내 생각이 나면서 눈물이 나더라고 하셨다. '내가 이렇게 안일하게 신앙생활하면 안 되겠다.'는 생각이 들어 회개기도를 하셨단다. 그러고선 하나님이 주신 마음을 따라 내게 개인적으로 100만 원을 헌금하셨던 것이다.

엄마가 이메일을 보낸 날짜를 보니 주님이 베드로전서 말씀을 통해 날 돌보신다고 위로하셨던 날이었다. 하나님이 하시는 일은 참으로 경이롭다. 나는 목사님이 헌금해주신 돈으로 여권을 연장할 수 있었다.

주님은 나같이 연약하고 어린 청년을 통해서도 일하셨다. 만나는 사람들에게 믿음의 도전을 주고 선교의 사명이 흘러가게 하시니 몸 둘 바를 모를 정도로 감사했다.

CHAPTER 4

극한의
모험

사막의 한복판에서 주님을 경배했다. 아무도 보지 않는 이곳에서 하나님과 독대했다. 주님은 광야에서 모세를 만나주셨던 것처럼 나를 만나 위로해주셨다. 주님의 위로는 참 따뜻했다. 지금까지 그토록 사람에게 위로받기만을 바라며 살았구나 싶었다. 진정한 위로는 오직 하늘로부터 받을 수 있음을 몰랐다. 거센 모래바람 속에서도 단잠을 잤다.

유목민과 같은
그리스도인의 삶

몽골Mongolia

영하 40도의 러시아 국경으로 가다

지난 한인교회에서 1년 동안 사역하며 날마다 떠날 시기에 대해 기도했다.

'하나님 언제입니까? 지금 떠나면 되겠습니까?'

주님은 그때마다 "내 양을 먹이라."고 응답하셨기에 성경 통독과 함께 지속적으로 사역에 전념했다. 그러다 성경을 100독 정도 했을 즈음에 주님은 떠나라는 사인을 주셨다. 한 선교단체의 예배 실황을 오디오로 들으며 기도하고 있는데, 예배인도자가 몽골과 러시아에 흩어진 소수민족들과 중앙아시아의 미전도종족, 그리고 예루살렘까지 아직 복음을 듣지 못한 민족들을 위해 기도하자고 요청했다. 각 나라와 민족들을 품고 조용히 엎드려 기도하자 아직 복음을 듣지 못한 소수민족들과 미전도종족들이 눈에 그려졌다. 그들을 향한 마음이 불타오르며 축복하고 싶은 마음이 샘솟았다. 이곳을 떠날 때가 왔음을 깨닫는 순간이었다.

지난 사역을 마무리하고, 주체할 수 없는 성령의 인도하심에 이끌리어 곧장 몽골과 러시아의 국경까지 달렸다. 몽골부터 이스라엘까지 가는 동안 만나는 모든 민족들에게 복음을 전하고 그들을 축복하리라 다짐했다. 떠나올 때 많은 분이 헌금해주셔서 재정적으로 부족함이 없었다.

몽골의 겨울바람은 뼛속까지 파고들었다. 해발 3천 미터의 바얀산맥이 높이 솟아있는 이곳은, 연중 3분의 2 이상이 겨울인 데다 영하 40도의 혹한이 계속되어 눈과 얼음밖에는 볼 수 없었다. 물이 필요하면 강에서 얼음을 캐거나 눈을 녹여 사용해야 했다.

눈 덮인 바얀산맥에서 출발하여 몽골의 수도 울란바토르를 향해 계속 걸었다. 1월의 몽골은 얼마나 춥던지 두툼한 양말을 대여섯 켤레 신었는데도 발가락이 꽁꽁 얼어붙어 움직이기 어려웠다. 내복 두 벌에 티셔츠를 겹겹이 입고 오리털 점퍼까지 껴입었지만 얼굴이나 손은 얼음장처럼 굳어버리고 말았다. 바람이 칼날이 되어 얼굴을 찔렀다. 소변은 말할 것도 없고 눈물마저 얼어붙어 눈을 깜박거리기도 쉽지 않았다. 가지고 있던 온도계를 보니 영하 38도였다.

하나님을
찾아서

눈 덮인 초원 위를 걷다가 말무리를 만난 적이 있다. 마침 종일 눈밭을 걸은 터라 발가락이 얼어 몸에서 떨어져 나갈 것처럼 고통스러웠다. 주인이 없는 야생마들처럼 보였는데 순간 한 마리만 잡아서 타고 가고 싶었다. 그래서 배낭을 내려놓고 영화에서 카우보이들이 하듯이 로프를 던져 말을 잡아보려고 했다. 말의 숨소리가 들릴 정도로 가까이 접근했지만 이내 말들은 달아나버렸다.

몽골 아이들은 걷기 전부터 말을 탄다고 한다. 서너 살짜리 아이들은 늑대처럼 생긴 개를 타고 다니기도 했다. 몽골 유목민들은 '게르'라는 텐트를 가지고 초원을 이동하며 생활한다. 가축들은 그들의 재산이고 또한 생명을 이어갈 수 있는 식량이기에 풀을 먹일 수 있는 목초지를 찾아다니는 것이다. 텐트 하나 둘러매고 이스라엘을 향하는 나 또한 유목민 같았다.

그리스도인들의 본향은 천국이다. 우리는 모두 잠시 이 땅을 여행하다 본향으로 돌아갈 나그네이다. 유목민들은 절대 짐을 늘리지 않는다. 삶에 필요한 최소한의 짐만을 소유할 뿐이다. 더 많이 가져봐야 이동할 때 모두 놓고 가야 한다는 걸 알기 때문이다. 그리스도인들의 삶이 그러해야 하지 않을까? 천국 갈 때 가져갈 수 있는 것은 하나도 없다. 모두 이 땅에 두고 떠나야 한다. 그렇기에 이 땅에서 남보다 더 가지려고, 모으려고만 하지 말고 자꾸 나눠주는 연습을 해야 한다.

눈밭을 헤쳐 나가다

　지도와 나침반에 의지해 계속 남동쪽으로 이동했다. 눈으로 뒤덮인 산들이 이어졌다. 갈증이 나면 눈을 그대로 삼키기도 하고 봉지에 눈을 담아 체온으로 녹여 마시기도 했다. 극한의 추위를 견디려면 쉬지 않고 몸을 움직여 열을 내야 했다. 도로가 없어서 자동차의 바퀴 자국이나 짐승들의 발자국을 보며 길을 찾기도 했다. 길 위에서 마주치는 몽골 유목민들은 영어를 전혀 할 줄 몰랐지만 친절하고 인심이 후했다.

　이동하는 동안 얼굴과 손발이 꽁꽁 얼어 고통스럽다가도 게르가 보이면 "살았다!"는 탄성이 절로 나왔다. 몽골인들은 낯선 이방인을 게르 안으로 초대해 마유나 양젖에 찻잎과 소금을 넣고 끓인 수태차를 대접했다. 얼어붙은 손으로 그릇을 감싸면 따뜻한 기운에 금세 몸이 녹아내렸다. 몽골인들의 순박함엔 내 마음마저 녹아내렸다.

　밤 그늘이 짙어지면 김이 모락모락 피어오르는 게르에 들어가 잠을 청했다. 한겨울 밤엔 보통 영하 50도까지 떨어지는데 그나마 게르 안에 들어가면 몸을 녹일 수 있었다. 처음에 게르에서 자는데, 몽골 아저씨가 내 오리털 점퍼에 달린 털모자를 가리키며 쓰는 시늉을 했다. 나중에야 알게 되었는데 잠잘 때 모자를 쓰지 않으면 밤새 머리의 실핏줄들이 얼어붙어 생명을 잃을 수도 있다고 한다.

　어느 날엔 하루 종일 눈길을 걷다가 발의 감각이 사라지는 것을 느꼈다. 이대로 계속 가면 심각해질 것 같았다. 얼른 주위의 마른 나뭇

가지들을 모아 라이터로 불을 피우려는데 나무들이 모두 얼어붙어 불이 붙지 않았다. 불쏘시개가 필요했다. 어쩔 수 없이 천로역정 책을 꺼내 몇 장 찢어 불쏘시개로 사용했다. 활활 타오르는 장작불에 발을 녹였더니 살 것 같다. 꽁꽁 얼어붙은 발에 물집이 잡혔는데 칼로 터뜨렸더니 새어나온 물이 바로 얼어버렸다. 손수건을 찢어 발에 묶고 또다시 걷기 시작했다. 때론 허리까지 쌓여있는 눈을 헤치며 나아가야 했고 얼어붙은 강을 지날 때엔 긴 막대기로 앞을 두드리거나 큰 돌멩이를 던져 얼음이 단단하게 얼었는지 확인하고 건너야 했다.

며칠을 그렇게 이동했다. 길은 끝이 없어 보였다. 온통 쌓여있는 눈밖에 보이지 않았다. 따뜻한 온돌방이 그리웠다. 한겨울 밖에서 눈싸움을 하고 집에 돌아와 따뜻한 아랫목 이불 속에 손을 넣으면 얼었던 손이 녹는 그 느낌이 참 좋았다. 엄마가 차려주는 따뜻한 밥 한 공기에 구수한 청국장도 그리웠다. 몽골은 척박한 환경 때문인지 과일이나 채소가 거의 없었다. 대부분의 음식은 고기였다. 매일 몽골인들에게 짐승의 젖으로 만든 기름진 차와 양고기를 얻어먹으니 김치 생각이 간절했다.

얼굴이 다 부르트고 발에 물집이 서너 개 잡힐 만큼 걷고 나서야 몽골의 수도 울란바토르에 도착했다. 울란바토르에서 가장 높은 빌딩이 6층짜리 건물이었으니 우리나라의 읍 정도 크기 밖에 안 되는 도시였다. 시내를 가로지르며 걷다가 한국 음식점을 만났다. 안 그래도 김치가 먹고 싶다고 주님께 떼를 썼는데 아버지께서 기도에 응답해주셨다.

김치찌개를 맛있게 먹고는 카메라 배터리를 사려고 한 상점에 들렀다. 그곳에서 만난 아리우나라는 아르바이트생이 영어를 할 줄 알아 정말 반가웠다. 이런저런 얘기를 나누다가 혹시 교회에 가본 적이 있냐고 물었다. 그녀는 잠시 망설이더니 몇 년 전에 친구 따라 몇 번 갔는데 지금은 안 간다고 했다. 나는 얼른 사영리를 꺼내 읽어주었다. 그녀는 집중해서 듣고는 영접기도까지 따라했다.

마지막 챕터를 설명하며 주일마다 교회에 나가 예배드릴 것을 권면했다. 한국 식당에서 알아둔 한인교회에 가볼 생각으로 내일이 주일이니 같이 가보겠냐고 제안했다. 생각해보겠다던 아리우나는 다음 날 약속 장소에 나타났다. 참으로 친절하고 순수한 사람 같아 그가 꼭 신앙생활을 시작하길 바랐는데, 정말 기뻤다. 한 손엔 성경책까지 들고 있었는데 알고 보니 예전에 잠깐 교회에 나갔을 때 성경책을 받았다고 했다. 한인교회에서는 몽골인 예배도 함께 드리고 있어 더욱 감사했다.

동행하겠는가, 끌려가겠는가?

예배 후 식사를 하다 어느 선교사님을 만났다. 이야기를 나누다 자신이 어떻게 선교사로 헌신했는지를 들려주셨다. 선교사님은 청년 시절 한참 방황할 때 주님을 만났고 세계 선교에 대한 비전을 품었다고 한다. 그런데 세월이 흐르고 사업이 아주 잘되자 선교의 사명을 잊고 살았다. 통장에 돈이 쌓이는 것이 즐거워 심지어 주일에도 일하는 데 매진했다. 돈으로 선교 사역을 돕는다고 생각했는데, 지금 생각하면 돈을 포기하지 못하는 자신을 합리화했던 것 같다고 하셨다. 그러다 동업자에게 사기를 당하면서 순식간에 재산도 친구도 잃고 건강까지 잃었다. 견딜 수 없을 만큼 고통스러워지자 청년 시절 품었던 비전이 생각났고, 지금은 각 나라를 돌아다니며 선교하는 순회선교사가 되었다고 하셨다.

사업이 망하고 사람들과 관계가 단절되었을 때엔 죽을 것처럼 고통스러웠단다. 인생을 포기하고 싶었는데 지금은 오히려 자신을 인도하신 하나님께 감사하단다. 만약 그때 사기를 당하지 않고 계속 잘나갔으면 돈이 인생에서 제일인 줄 알았을 텐데 오히려 망했기 때문에 하늘 상급을 바라는 선교사가 되었다며 하나님의 인도하심은 놀랍다고 하셨다.

선교사님의 이야기를 들으며 이스라엘 백성들이 생각났다. 출애굽기를 보면 요셉을 알지 못하는 새 왕이 애굽의 통치자로 등극한다. 새 왕이 일어난 뒤 애굽에서 대접받으며 살던 이스라엘 백성들에게 고역이 시작되었다. 갑자기 이들에게 고통을 허락하시는 하나님이 원망스러웠을 것이다. 왜 하나님은 이스라엘 백성들에게 이런 시련을 주셨던 것일까?

요셉을 알지 못하는 새 왕이 일어나 애굽을 다스리더니   _출 1:8

이스라엘 자손에게 일을 엄하게 시켜 어려운 노동으로 그들의 생활을 괴롭게
하니 곧 흙 이기기와 벽돌 굽기와 농사의 여러 가지 일이라 그 시키는 일이 모
두 엄하였더라   _출 1:13,14

요셉의 공로로 애굽에서 편하게 살던 이스라엘 백성들에게 약속
의 땅 가나안은 점점 마음속에서 잊혀져갔다. 하나님은 특단의 조치
를 취하셨다. 요셉을 모르는 새 왕을 세워 애굽을 다스리게 하신 것
이다. 새 왕은 이스라엘 백성들을 박해했다. 고통이 지속되자 이스라
엘 백성들은 애굽을 떠나고 싶었을 것이다. 급기야 바로가 히브리인
들의 어린 자식들을 죽이는 일을 감행하자 그들은 더 이상 견딜 수
없었다.

그러므로 바로가 그의 모든 백성에게 명령하여 이르되 아들이 태어나거든 너
희는 그를 나일 강에 던지고 딸이거든 살려두라 하였더라   _출 1:22

하나님은 그렇게 이스라엘 백성들의 마음을 준비시키신 뒤에 모
세를 보내셨다. 만약 아무 고통 없이 편하게 살았다면 과연 누가 모
세를 따랐겠는가? 절대 순종하지 않았을 것이다. 이스라엘 백성들이
어떠한 사람들인가? 출애굽 후 정탐꾼들이 가나안의 장대한 족속들

을 보았을 때 그리고 광야엔 먹을 것이 없다는 것을 알았을 때, 모세를 죽이려고 들고 일어났던 사람들이다. 그렇기 때문에 하나님은 애굽의 삶을 견딜 수 없게 만들어 도망 나오게 하신 것이다.

지금도 주님은 상황을 몰아가시며 그의 백성들을 인도하실 때가 있다. 때론 견딜 수 없는 고통을 피하기 위해 도망쳤는데 그것이 주님의 정확한 인도하심일 때가 많다. 성도가 안전하고 편안한 자리만을 고집한다면 주님은 때로 고난을 주셔서 성도의 마음을 흔들고 상황들을 몰아붙여 하나님의 약속을 기억하게 하신다.

쿤밍에서 성경 통독을 할 때 선교사님이 가르쳐주신 것이 있다. 하나님의 인도하심을 받는 사람들은 두 부류가 있다고 한다. 주님과 두 손 꼭 붙잡고 동행하는 사람과, 주의 강하신 손에 머리채를 붙잡혀 끌려가는 사람. 순종하지 않으면 끌려간다. 나는 주님과 두 손 잡고 동행하는 사람이 될 것인가? 아니면 머리채를 붙들린 채 끌려가는 사람이 될 것인가?

나의 목자 하나님

몽골을 지나며 수없이 많은 목동들을 보았다. 엄청난 추위 속에서도 말을 타고 다니며 양과 염소들을 돌보았다. 목동의 시선은 항상 그들이 기르는 양 떼들에게 있다. 그들을 보며 나의 목자이신 하나님이 당신의 자녀들을 얼마나 신실하게 돌보시는지 묵상했다. 다윗만큼

그러한 하나님의 속성을 잘 아는 사람이 또 있을까? 다윗은 목동이었다. 들판에서 양들을 지키기 위해 소년 다윗은 맹수들과 싸우며 자랐다. 때론 양들을 살리기 위해 목숨까지 내놓고 싸워야 했다.

다윗이 사울에게 말하되 주의 종이 아버지의 양을 지킬 때에 사자나 곰이 와서 양 떼에서 새끼를 물어 가면 내가 따라가서 그것을 치고 그 입에서 새끼를 건져내었고 그것이 일어나 나를 해하고자 하면 내가 그 수염을 잡고 그것을 쳐죽였나이다 _삼상 17:34,35

사울에게 쫓기며 11년간 광야에서 지낼 때 그는 하나님을 향해 "나의 목자"라고 고백했다. 다윗은 목자가 양을 어떻게 돌보는지 잘 알고 있었다. 하나님이 자신의 목자이심을 알았기에 죽음의 위협 앞에서도 자신이 안전하다는 것을 믿었다. 다윗을 지키셨던 하나님이 지금도 나의 목자가 되시어 내 모든 발걸음을 인도하고 계신다. 나를 위해서라면 목숨까지 버리시는 하나님이 나의 목자이신데 무엇이 두렵겠는가?

나는 선한 목자라 선한 목자는 양들을 위하여 목숨을 버리거니와 _요 10:11

여호와가 우리 하나님이신 줄 너희는 알지어다 그는 우리를 지으신 이요 우리는 그의 것이니 그의 백성이요 그의 기르시는 양이로다 _시 100:3

하나님을
찾아서

얼어붙은 땅 몽골을 지나 중국 서부 쪽으로 들어섰다. 그곳부터는 현지 사역을 하는 조선족 사역자들의 처소를 중심으로 이동했다. 시닝에서는 3주 동안 성경을 통독하며 선교 사역을 도왔다. 한번은 조선족 선생님(보안 때문에 목회자나 선교사님들을 선생님이라고 부른다.)이 대야 비빔밥을 해주셔서 맛있게 먹었는데, 알고 보니 정말 아침에 세수할 때 사용했던 세숫대야에 비빔밥을 해주신 것이었다. 먹을 땐 분명히 맛있었는데 또 먹고 싶은 마음은 전혀 들지 않는다.

다시 실크로드를 따라서 우루무치로 이동했다. 그곳에서 조선족 선생님과 탈북자 사모님을 만났다. 그곳에서는 북한에서 중국으로 탈출한 사람들을 '히브리인'이라 불렀다. 애굽 생활이 고통스러워 탈출했던 이스라엘 백성들과 사정이 비슷하기 때문이다. 사모님은 언제 공안에 잡혀갈지 몰라 날마다 하나님의 도우심을 구하며 살았다. 만약 다시 북으로 이송된다면 사랑하는 부부가 생이별하는 상황이 벌어질 터였다. 그럼에도 담대히 복음을 증거하는 모습을 보며, 바로 이것이 '사명'이라고 생각했다. 그리스도인에게 있어서 가장 중요한 인생의 목적은 사명을 이루는 것이다. 사도 바울은 사명이 자신의 목숨보다도 귀하다고 했고, 예레미야는 사명 때문에 절망 속에서도 다시 일어섰다.

예레미야는 선지자들 중에서 가장 오랜 기간 사역했다. 41년 동안이나 하나님의 말씀을 대언했다. 그러나 그가 하나님 말씀을 전할 때 사람들은 듣지 않았다. 그의 예언이 듣기 싫어 조롱하며 우물에 빠뜨려 죽이려 했고 쇠고랑을 채웠고 뺨을 때렸다. 예레미야는 수백 번이고 하나님의 일을 그만두고 싶었을 것이다. 진이 다 빠져 하나님께 선지자의 사명을 내려놓고 싶다고까지 고백했다.

> 내가 다시는 여호와를 선포하지 아니하며 그의 이름으로 말하지 아니하리라 하면 나의 마음이 불붙는 것 같아서 골수에 사무치니 답답하여 견딜 수 없나이다
> _렘 20:9

완전히 낙심하고 탈진해 솔직하게 주님께 고백한 것이다. "그만하고 싶습니다. 주님 이젠 정말 지쳤습니다."

나도 그러한 순간들이 있었다. 제대로 서있기도 힘들 만큼 지치고 배고픔과 추위, 외로움과 힘겹게 싸우는데 누구 하나 위로하는 이가 없을 때면 그냥 한국으로 돌아가고 싶었다. 하물며 예레미야는 나와 비교할 수 없을 만큼 고통스럽고 힘겨웠을 것이다. 그런데 그럴 때마다 예레미야의 가슴 깊은 곳에서는 주님이 처음 자신을 부르셨던 그 강렬한 부르심이 그의 중심을 다시 뜨겁게 불태웠다.

> 내가 너를 모태에 짓기 전에 너를 알았고 네가 배에서 나오기 전에 너를 성별하였고 너를 여러 나라의 선지자로 세웠노라 하시기로 내가 이르되 슬프도소이다 주 여호와여 보소서 나는 아이라 말할 줄을 알지 못하나이다 하니 여호와

께서 내게 이르시되 너는 아이라 말하지 말고 내가 너를 누구에게 보내든지 너
는 가며 내가 네게 무엇을 명령하든지 너는 말할지니라 너는 그들 때문에 두려
워하지 말라 내가 너와 함께하여 너를 구원하리라 나 여호와의 말이니라 하시
고 여호와께서 그의 손을 내밀어 내 입에 대시며 여호와께서 내게 이르시되 보
라 내가 내 말을 네 입에 두었노라   _렘 1:5-9

    지쳐있던 예레미야에게 주님은 찾아와서 목숨을 다해 사명을 이
루라고 격려하셨다. 예수님을 배신하고 저주하고 떠났던 베드로에게
"내 양을 먹이라"(요 21:17)고 말씀하시며 사명을 주신 것처럼 주님은
우리가 지쳐있을 때 다시 일으켜 세우시는 분이시다.

    우리에게 여러 가지 심한 고난을 보이신 주께서 우리를 다시 살리시며 땅 깊은
곳에서 다시 이끌어 올리시리이다   _시 71:20

    조선족 선생님과 탈북자 사모님의 헌신을 보며 나의 사명에 대해
생각해보았다. 전에는 누군가 내 비전이나 사명을 물으면 직업을 얘
기했는데 이는 대단한 오해였다. 사명은 더 근본적이고 무거운 것이
다. 직업은 급여를 받아야만 할 수 있다. 그러나 돈을 받지 않고서도
열정을 다할 수 있으면 비전이다. 사명은 죽으면 죽으리라는 마음으
로 평생 이루어야 하는 것이다. 그리스도인이라면 돈 때문이 아니라
사명을 이루기 위해 직업을 가져야 할 것이다.

광야생활이
이런 걸까?

걸어서 타클라마칸 사막을 지나다

우루무치에서 2주간 머물다 다시 히말라야를 향해 이동했다. 히말
라야를 넘어 약속의 땅 이스라엘까지 반드시 가리라는 각오로 떠났
다. 그런데 우루무치에서 히말라야를 가는 길 사이에는 세계에서 두
번째로 큰 타클라마칸 사막이 가로막고 있다. 우리나라에 불어오는
황사의 진원지 가운데 하나인데, 히말라야로 가려면 이 사막을 건너
야 한다. 새도 지나갈 수 없다고 전해지는 타클라마칸 사막은 그 이
름의 뜻도 '한번 들어가면 돌아올 수 없는 곳'이라고 한다.

일단 사막을 지나는 버스를 알아보기 위해 우루무치 터미널로 갔

다. 우려했던 대로 타클라마칸 사막의 입구 도시인 쿠얼러까지 가는 버스밖에 없었다. 사막을 건너는 버스는 그곳에 가서 알아보라고 했다. 우루무치에서 구입한 신장 지도를 보니 타클라마칸 사막을 관통하는 고속도로가 있었다. 중국인에게 물어보니 유전 개발을 위해 정부에서 고속도로를 건설했다고 했다. 그러나 그 고속도로로 가면 티베트로 연결되는 길은 없었다. 반면에 지도에 국도로 표시된 작은 길이 티베트로 들어가는 입구인 거얼무까지 연결되어 있었다. 지도에 길이 있어도 길의 상태가 어떤지 알 수 없어서 섣불리 결정할 수 없었다. 터미널에 주저앉아 한참 동안 눈을 감고 생각했다. 어느 순간 찬양의 가사가 스쳐지나갔다.

나의 가는 길 주님 인도하시네
그는 보이지 않아도 날 위해 일하시네
주 나의 인도자 항상 함께하시네
사랑과 힘 베푸시며 인도하시네
광야에 길을 만드시고 날 인도해
사막에 강 만드신 것 보라
하늘과 땅 변해도 주의 말씀 영원해
내 삶 속에 새 일을 행하리

나의 가는 길을 주님께서 인도하신다. 광야에 길을 만드시고 사막에 강을 만드시는 주님이시다. 용기가 솟기 시작했다. 주님이 사막을 무사히 지나게 하시리라 믿고 타클라마칸으로 가기로 결정했다.

보라 내가 새 일을 행하리니 이제 나타낼 것이라 너희가 그것을 알지 못하겠느
냐 반드시 내가 광야에 길을 사막에 강을 내리니　　　　　　　_사 43:19

우루무치에서 사막으로 가는 길도 짧지 않은 거리였기에 버스에서 하룻밤을 새워야 했다. 버스를 탄 사람들은 위구르족이 대부분이었다. 어깨 넓이 정도의 좁은 침대칸에서 하룻밤을 지새우고 일어나니 사막 입구 마을에 도착했다. 뿌연 흙먼지 때문에 숨쉬기가 불편해 마스크를 사서 착용했다.

버스터미널 운행 안내판을 살펴보니 사막을 지나는 버스가 있다. 하지만 표를 사려고 버스 기사에게 물었더니 "메이요우."(없다)라는 대답이 돌아왔다. 다른 말은 사투리가 심해 전혀 알아들을 수가 없다. 터미널 근처에 있는 사람들에게 물어도, 식당을 찾아가 물어도 "없다."는 대답만 돌아왔다. 눈앞이 캄캄했다. 사막은 한 번도 경험해 보지 않은 곳이라 더 막막했다. 그래도 마음 한편에는 지금까지 나를 도우셨던 주님께서 이 길에서도 동행하시리라는 믿음이 있었다.

지도상으로는 자전거를 타고 2~3일이면 충분히 건널 수 있는 거리였다. 중국에서 중고 자전거 한 대는 한화로 만 원 정도면 산다. 그러나 문제는 길의 상태를 알 수 없다는 것이었다. 중간에 길을 잃을 가능성도 있고 길이 모래로 뒤덮여있다면 자전거로 이동하기가 쉽지

않을 것이다. 사막 한복판에서는 위급한 상황이 생겨도 누구의 도움도 받을 수 없다. 혹여나 다치기라도 한다면 생명까지 잃을지도 모른다. 그러나 하나님의 보호하심으로 이스라엘 백성들이 광야를 지났듯이 하나님이 나와 동행하심을 믿고 사막을 건너기로 결심했다.

> 내가 사망의 음침한 골짜기로 다닐지라도 해를 두려워하지 않을 것은 주께서
> 나와 함께하심이라 주의 지팡이와 막대기가 나를 안위하시나이다   _시 23:4

사막의 밤

사막과 가장 가까이에 위치한 위리현으로 이동했다. 지도와 나침반, 텐트와 침낭은 있으니 식량과 물만 확보하면 된다. 타클라마칸 사막은 우리나라 면적의 3배 크기이고 사막 전체를 종단하는 길은 500킬로미터가 넘었다. 하지만 내가 가야 할 길은 사막 종단이 아니라 남동쪽으로 200킬로미터 정도 사막의 일부를 지나는 길이었다. 일주일 정도 열심히 걸으면 건널 수 있을 듯했다.

큰 페트병에 담긴 생수 3통과 위구르족의 주식인 난을 일주일치 샀다. 지도와 나침반을 보며 거대한 사막으로 향했다. 물과 음식이 떨어지지 않도록, 절대로 다치거나 아프지 말게 해달라고 기도하며 걸었다.

아침 일찍 출발하여 한참을 걸었더니 인적조차 없는 황량한 사막

위리현에서 난을 파는 위구르족 청년.

이 그 적막한 모습을 드러냈다. 태양이 중천에 떠오르자 기온은 급상 승했다. 목은 점점 타들어갔고 흙먼지 때문에 목이 칼칼했다. 아무리 목이 말라도 조금씩, 견딜 수 없을 때에만 한 모금씩 물을 마셨다. 바 짝 마른 땅엔 시들은 잡초들만 듬성듬성 나있고 단단하게 굳어 거북 이 등짝처럼 쩍쩍 갈라져있었다.

배낭이 무거워 생각보다 에너지 소모가 심했다. 가지고 있는 물과 식량으로 일주일을 버틸 수 있을까 걱정되었다. 잠시 걸음을 멈추고 지도를 살폈다. 사막으로 난 도로를 따라갈 것인지 아니면 도로를 벗 어나 직선거리로 이동할 것인지 결정해야 했다. 도로를 벗어나 직선 거리로 이동하면 이동거리를 줄일 수 있을 것 같았다. 도로를 따라간 다면 좀 더 안전하겠지만 나는 모험을 감행했다. 길에서 벗어나 오직 나침반만을 보며 아무 흔적도 없는 사막의 한복판으로 들어섰다.

아스팔트로 포장된 도로보다는 걷기가 불편했지만 그래도 견딜 만했다. 이 황량한 사막에도 하나님이 충만히 거하심을 믿기에 용기 가 생겼다. 내가 걷는 곳이 곧 길이 되었다. 끝없이 펼쳐진 지평선 너 머로 해가 떨어지고 동쪽에서부터 모래바람이 불어왔다. 어두워지기 전에 서둘러 텐트를 쳤다. 해가 지고 어둑해지더니 갑자기 기온이 떨 어졌다. 사막의 밤이 온 것이다. 나 말고는 그 어떤 생명도 존재하지 않는다고 생각하니 오히려 더 두려웠다.

얀 마텔의 소설《파이 이야기》에는 동물들을 태운 배가 조난당하 는 이야기가 나온다. 소년 파이는 태평양 한가운데서 가족을 잃고 얼룩말과 하이에나, 오랑우탄, 인도호랑이와 함께 구명보트에 남겨진다. 시간이 지나며 하이에나는 호랑이를 제외한 모든 짐승들을 먹어 치우고 나중에는 호랑이가 하이에나를 잡아먹는다. 소년 파이는 먹잇감이 되지 않기 위해 호랑이를 먼저 죽여야 했다. 그런데 호랑이를 죽일 기회가 왔음에도 불구하고 그는 오히려 바다에서 물고기를 잡아 주며 호랑이를 길들이기 시작한다. 맹수의 두려움보다, 태평양 한가운데에 혼자 남을 때 다가올 적막과 고독이 더 무서웠던 것이다.

캄캄한 사막의 한복판에서 말씀을 읽기 시작했다. 텐트 속에서 성경을 펴는 순간 나를 사로잡았던 두려움은 사라졌다. 성경을 읽을 때마다 하나님은 말씀하시고 위로하시고 사랑을 보여주셨다. 나는 홀로 있어도 외롭지 않았다. 주님은 실제로 나와 함께 계셨기 때문이다. 영화 〈캐스트 어웨이〉에서 무인도에 난파된 주인공이 고독을 이기려 가상의 인물을 만들어 소통하는 것과는 전혀 다른 것이다. 내가 믿는 하나님은 누군가 만들어낸 하나님이 아니라 스스로 존재하시는, 실존하는 하나님이셨다.

사막의 밤하늘은 별들로 가득 차 있었다. 모래바람이 거세게 불었지만 모래가 텐트에 부딪히며 내는 소리는 마치 사막의 피조물들이 창조주 하나님을 드높여 찬양하는 것 같았다. 태초부터 우주 만물은 만유의 주인이신 하나님을 높여드리고 있었다.

하나님을
찾아서

오직 주는 여호와시라 하늘과 하늘들의 하늘과 일월성신과 땅과 땅 위의 만물
과 바다와 그 가운데 모든 것을 지으시고 다 보존하시오니 모든 천군이 주께
경배하나이다   _느 9:6

주님을 찬양하기 시작했다. 사막의 한복판에서 주님을 경배했다.
아무도 보지 않고 인적 없는 이곳에서 하나님과 독대했다. 주님은 광
야에서 모세를 만나주셨던 것처럼 나를 만나 위로해주셨다. 주님의
위로는 참 따뜻했다. 지금까지 그토록 사람에게 위로받기만을 바라
며 살았구나 싶었다. 진정한 위로는 오직 하늘로부터 받을 수 있음을
몰랐다. 거센 모래바람 속에서도 단잠을 잤다.

흙투성이가 되어버린 몸

지평선 너머 태양이 떠오를 즈음, 알람 소리에 깼다. 부지런히 걸
어서 사막을 벗어나야 했다. 일어나자마자 주님께 기도를 하고 난을
꺼내 아침을 먹었다. 사막을 무사히 건널 때까지 모든 식사는 '난'으
로 해결해야 했다.

문득 이스라엘 백성이 광야에서 먹었던 음식이 생각났다. 그들의
주식은 '만나'였다. 처음엔 하늘에서 내리는 만나가 맛있었지만 시간
이 지나면서 싫증이 났다. 백성들은 만나를 기름 섞인 빵이라 말했다
가 나중에는 역한 음식이라고 했다. 처음 하늘에서 만나가 내려왔을

때 받은 감격과 감동은 모두 잊혀졌다. 결국 하나님을 원망했던 이스라엘 백성들은 모두 광야에서 장사 지낸 바 되었다.

나는 주님께 첫 마음을 지켜달라고 기도했다. 하루 종일 딱딱한 빵만 먹다 보면 한국에서 먹던 음식들이 자꾸 생각났다. 하지만 이스라엘 백성이 애굽의 삶을 그리워하는 것이 하나님께는 큰 아픔이었기에 나 역시 오직 약속의 땅만 생각하기로 했다. 에너지를 보충할 양식과 갈증을 해소할 물이 있음에 감사하며.

작열하는 태양 아래에서 사막과 사투를 벌이며 3일을 걸었더니 다리가 후들거렸다. 일정한 간격으로 나타나는 모래언덕을 지나는 것과 물을 아끼기 위해 갈증을 참는 것이 정말 고통스러웠다.

모래언덕에 털썩 주저앉았다. 얼굴 위에 수건을 덮고 배낭에 기대어 누웠다. 얼마나 피곤했는지 깜박 잠이 들었다. 바람 부는 소리에 눈을 떠보니 사위가 이미 어둑해졌다. 그리고 어디선가 모래바람이 불어오는데 그 기운이 심상치 않았다. 얼른 배낭을 둘러메고 걷기 시작했다. 캄캄한 사막의 밤엔 오직 별빛만이 길을 비춰줄 뿐이었다.

모래바람은 그 기세가 점점 커지더니 폭풍에 가까울 만큼 거세졌다. 더 이상 앞으로 나갈 수 없었다. 사막의 모래 폭풍은 한 도시를 사라지게 할 만큼 위협적이라 들었다. 마스크를 쓰고 수건으로 머리를 휘감아도 모래는 눈과 코를 괴롭혔다. 귀에도 모래가 들어가기 시작해 얼른 휴지로 귀를 틀어막았다. 눈이 가장 곤욕스러웠다. 눈물이 진흙이 되어 흘러내렸다. 손전등을 비추니 거센 모래 폭풍 너머로 희미하게 검은 회오리바람이 지나가는 게 보였다. 엄청난 모래바람이 수십 미터 상공까지 올라가며 주위의 모래들을 모두 흡수해버렸다.

텐트는 펼치는 순간 날아갈 것 같았다. 결국 모래와 사투를 벌이며 침낭 속으로 겨우 몸을 밀어 넣었다. 오리털 침낭이 완충 역할을 해주어 간신히 모래바람의 공격에서 피할 수 있었다. 거센 바람이 어서 지나가기를 바라며 한참 동안 엎드려 기도했다. 거친 사막의 바람 속에서 하나님께 간절히 부르짖었더니 어느 순간 하늘로부터 크고 강한 손이 내려와 나를 모래바람으로부터 감싸는 것 같았다. 하나님을 바라보면 어떠한 상황에서도 안전감이 생겼다.

> 내가 새벽 날개를 치며 바다 끝에 가서 거주할지라도 거기서도 주의 손이 나를
> 인도하시며 주의 오른손이 나를 붙드시리이다 _시 139:9,10

그렇게 기도하다 잠이 들었던 모양이다. 눈을 떴는데 침낭 밖에서 바람소리가 더 이상 들리지 않았다. 지퍼를 열고 밖으로 나왔더니 한 무더기의 모래덩어리가 머리 위로 떨어졌다. 몰골이 말이 아니다. 뜨거운 사막 한복판, 오리털 침낭 안에서 하룻밤을 잤으니 땀과 흙이 뒤섞여 온몸이 진흙투성이가 되었다.

극심한 갈증에 물을 꺼내어 마셨다. 사막의 열기에 뜨뜻해진 물은 모래들로 꽉 막혀있던 목구멍을 뚫고 식도를 타고 미끄러져 내려갔다. 마음 같아서는 한 통을 단숨에 마셔버리고 싶었지만 꾹 참고 몇

모금만 마셨다. 사막에서 물은 곧 생명이었기 때문이다. 육신의 갈증으로도 이렇게 물 한 모금이 갈급한데 내 영혼은 주가 주시는 은혜의 샘물을 얼마나 갈망하고 있는가 하는 생각이 문득 들었다.

> 예수께서 대답하여 이르시되 이 물을 마시는 자마다 다시 목마르려니와 내가 주는 물을 마시는 자는 영원히 목마르지 아니하리니 내가 주는 물은 그 속에서 영생하도록 솟아나는 샘물이 되리라 _요 4:13,14

하루치의 양식만

방향을 알려주는 나침반이 없다면 나는 광활한 사막을 헤매다 죽었을 것이다. 사막에서 나침반은 곧 생명이었다. 나침반 덕분에 가야 할 방향에서 벗어나지 않았다. 성도의 삶도 이와 같지 않을까. 하나님 말씀에서 한시도 눈을 떼지 말아야 달려갈 길을 끝까지 완주할 수 있다. 사람들은 자신의 꿈을 향해 최선을 다해 달려간다. 그런데 꿈을 이루는 것보다 어떤 꿈을 꾸느냐가 훨씬 중요하다. 성도는 오직 말씀 안에서 자신의 꿈을 발견해야 한다.

> 주의 말씀은 내 발에 등이요 내 길에 빛이니이다 _시 119:105

쉬지 않고 걸어도 과연 지금 가지고 있는 물과 식량으로 버틸 수

있을지 확신할 수 없었다. 모래 폭풍이라는 변수까지 있으니 눈앞이 캄캄했다. 오직 주님의 도우심만을 구하며 힘겹게 전진했다. 포기해 봐야 돌아갈 수도 없기에 이를 악물고 견뎠다.

다시 밤이 찾아왔다. 텐트를 치고 밤사이 모래 폭풍이 불지 않기를 기도하며 난을 꺼냈다. 난을 떼어 먹으며 예수님의 몸을 생각했다. 물을 한 모금 마실 때엔 예수님의 피를 기념했다. 식사 때마다 날 살리신 예수님의 은혜를 생각하며 홀로 성찬 예배를 드렸다.

> 그때에 여호와께서 모세에게 이르시되 보라 내가 너희를 위하여 하늘에서 양식을 비같이 내리리니 백성이 나가서 일용할 것을 날마다 거둘 것이라 이같이 하여 그들이 내 율법을 준행하나 아니하나 내가 시험하리라 _출 16:4

하나님은 광야에서 먹을 것이 없어 불평하는 이스라엘 백성에게 양식을 주겠다고 약속하셨다. 만나와 메추라기였다. 그런데 한 번에 여러 날 분량을 주는 게 아니라 날마다 필요한 만큼만 주겠다고 하셨다. 한꺼번에 몇 년 치 양식을 주시면 더 편하지 않았을까? 주님의 뜻은 그렇지 않았다. 예수님이 제자들에게 가르치신 기도에도 "우리에게 일용할 양식을 주시옵고"(마 6:11)라는 부분이 나온다. "일용할 양식"(daily bread)이란 곧 매일의 빵이다. 이는 이스라엘 백성에게 주셨던 만나를 떠오르게 한다. 하나님은 왜 날마다 하루 분량의 음식을 주셨을까?

하나님을
찾아서

하나님은 백성들이 만나를 보며 그들을 먹이는 이가 누구인지 기억하기를 원하셨다. 한꺼번에 10년 치의 양식을 주셨다고 생각해보라. 처음에는 축제를 벌이며 하나님을 찬양했을 것이다. 그런데 1년이 지나고 2년, 3년…… 시간이 흐르면서 사람들은 누구로부터 온 양식인지 잊고 말 것이다.

우리는 우리가 누리고 소유한 모든 것이 어디서 온 것인지 잊고 살아간다. 내가 노력해서 얻었거나 우연히 가지게 된 것이라 생각한다. 그런 인간의 교만함을 잘 아시기에 주님은 이스라엘 백성에게 날마다 하루치 양식만 내려주셨던 것이다. 성경은 많은 것을 가지지 말라고 권면한다.

> 너희를 위하여 보물을 땅에 쌓아두지 말라 거기는 좀과 동록이 해하며 도둑이 구멍을 뚫고 도둑질 하느니라 오직 너희를 위하여 보물을 하늘에 쌓아두라 거기는 좀이나 동록이 해하지 못하며 도둑이 구멍을 뚫지도 못하고 도둑질도 못하느니라   _마 6:19,20

광야에서 한 해 양식을 모두 받았다면 나는 어디에도 가지 못했을 것이다. 양식을 보관하기 위해 집을 지어야 하고 양식을 지키기 위해 떠날 수 없었을 것이다. 그러나 내일의 양식을 주실 주님을 신뢰하기에 나는 홀가분하게 이곳을 떠날 수 있다.

아브라함은 그의 삶을 책임지실 하나님을 신뢰했기에 고향과 친척과 아버지의 집을 떠났다. 그가 살던 갈대아 우르에 집과 재산과 가축과 땅을 두고 떠났다. 하늘의 것을 붙들기 위해선 손에 꼭 쥐고 있는 것을 놓아야 한다.

그 진리를 잊지 않기 위해 캄캄한 사막의 밤마다 손전등을 비추어 성경을 읽었다. 말씀 읽는 시간이 참 좋았다. 주님이 내게 들려주시는 말씀, 하늘의 세계를 알아가는 것, 영원한 세계를 맛보는 것이 참 기쁘고 행복했다.

죽음의 사막을 건너다

밤사이 또다시 불어오는 모래바람 소리에 잠에서 깼다. 더 이상 잠을 잘 수 없어 계속 성경을 읽었다. 성경 읽는 것이 힘들어지면 기도를 했고 기도하다 지치면 찬양을 불렀다. 사막 한가운데서 홀로 드리는 예배를 주님께서 받으시리라 믿었다.

몇 시간이 지났을까. 아침을 밝히는 태양이 떠오름과 동시에 거센 모래바람 소리가 잠잠해졌다. 흙투성이가 된 텐트를 털어내고 둘둘 말아 배낭에 집어넣었다. 서둘러 출발해야 했다. 죽음의 기운이 맴도는 이 사막에서 하루빨리 탈출해야 했다. 시간이 지날수록 배낭의 무게는 더 무거워지는 것 같았다. 물도 얼마 남지 않았고 난도 거의 다 먹어버렸는데 어깨는 점점 더 무거워졌다. 체력이 급격하게 떨어진 것이다.

지글지글 불타오르는 끝없는 사막에서 하나님만 생각하며 홀로 걸었다. 끝이 없어 보이지만 끝이 있는 길을, 보이지 않지만 보는 것처럼 이 길의 끝을 믿음으로 바라보며 발걸음을 내딛었다. 다리가 후들거릴 정도로 짐이 무거워 배낭을 벗어버리고만 싶었다. 오늘 내일 안으로 사막을 건너야 했다. 순간순간 두려움이 몰려왔지만 MP3플레이어로 성경을 들으며 치열하게 영적 싸움을 해나갔다.

> 우리의 씨름은 혈과 육을 상대하는 것이 아니요 통치자들과 권세들과 이 어둠의 세상 주관자들과 하늘에 있는 악의 영들을 상대함이라   _엡 6:12

그날 오후, 마침내 지평선 끝에 검은 선이 보였다. 강일 것이라 생각했는데, 다가가보니 아스팔트 길이었다. 길을 벗어난 지 4일 만에 다시 도로를 만난 것이다. 사막에 외롭게 펼쳐진 아스팔트에도 인적이 없었지만 모래 위보다는 걷는 것이 훨씬 속도가 났다.

해는 저물고 배고픔과 갈증이 몰려왔다. '좀 돌아가더라도 편한 길을 알아볼걸.' 하고 후회가 불쑥 올라왔다. 그럴 때마다 나를 부르신 이를 생각하며 인내했다.

사막 길을 걷다가 잠시 볼일을 보러 모래언덕 너머로 올라갔다. 그런데 저 멀리 희미하게 무엇인가 보였다. 모래먼지를 일으키며 달려오던 작은 점이 점점 커지더니 트럭 한 대가 보였다. 급히 모래언덕에서 내려와 손을 흔들었다. 저 트럭을 잡아야 살 수 있다는 생각이 들었다. 트럭은 내 앞에서 멈추었다. 기사 아저씨는 뤄창까지 간다고 했다. 사막이 끝나는 지점의 오아시스 마을이다. 기사 아저씨가 흔쾌히 태워준 덕분에 걸어가면 이틀은 가야 할 길을 두 시간도 채 안 되어 도착했다. 뤄창에서 사람들과 식당들을 보니 이제 살았구나 하고 안도감이 들었다.

> 그들이 광야 사막 길에서 방황하며 거주할 성읍을 찾지 못하고 주리고 목이 말라 그들의 영혼이 그들 안에서 피곤하였도다 이에 그들이 근심 중에 여호와께 부르짖으매 그들의 고통에서 건지시고 또 바른 길로 인도하사 거주할 성읍에 이르게 하셨도다
> _시 107:4-7

기사 아저씨께 몇 번이고 감사를 표하고선 먼저 식당으로 들어가 목을 축이고 음식을 먹었다. 오랜만에 고기를 먹으니 이루 표현할 수 없는 맛이었다. 노릇하게 구워진 양고기의 기름이 목구멍으로 넘어갈 땐 그간 사막에서 먹었던 모든 흙먼지가 씻겨 내려가는 기분이었다.

식당 근처에서 지프로 거얼무까지 이동하려는 중국인들을 만났다. 거얼무까지 가는 길은 대중 교통편이 없고 산세가 험해서 사륜구동차만이 갈 수 있는데 6명이 모이면 지프가 출발한단다. 내가 바로 여섯 번째 손님이었는데 사람들은 며칠 동안이나 마지막 일행을 기다렸기 때문에 크게 반겨주었다. 거얼무로 이동하는 중국인들과 함께

여관에서 하룻밤을 보내고 아침 일찍 출발하기로 했다. 여관은 지저분했지만 사람들과 부대낄 수 있어 즐거웠다. 사막의 두려움과 적막함에서 벗어난 것만으로도 정말 감사하고 행복했다.

아침 일찍 거얼무를 향해 출발했다. 이젠 사막을 벗어나 거친 산길이 시작되었다. 울퉁불퉁한 길을 지프는 거침없이 달렸다. 무릎 깊이의 개울도 건너야 했고 좁은 절벽 길도 지나야 했다. 높이 솟은 돌산들 사이로 지프는 쉬지 않고 달렸다. 차 안에 사람들은 마구 흔들어놓은 도시락처럼 서로 뒤섞였다. 오랜 시간 밀폐된 공간에 함께 찌그러져있던 우리는 알 수 없는 유대감으로 연결되었다.

고난을 함께 겪으면 정이 생기는 것 같다. 그 기회를 놓칠 수 없어 몇 개 남지 않은 중국어 사영리를 꺼내 옆에 앉은 중국인 아저씨에게 읽어달라고 했다. 그가 한 문장을 읽으면 내가 어설픈 중국어로 설명하는 식으로 복음을 전했다. 중국어가 서툴러 누군가 질문을 하면 대답해주기는 어려웠고 단순하게 복음이 무엇인지만 전할 수 있었다. 그래도 중국인들이 하는 말을 어느 정도는 알아들을 수 있는 것이 참신기했다.

30대 중반의 한족 남자 한 명이 굉장히 호의적으로 복음을 받아들였다. 그의 이름은 '루쉰'이었다. 어머니가 교회를 다니며 자신을 위해 매일 기도하는데 자기는 일요일에도 일을 해야 하기 때문에 교회에 나갈 수 없다고 했다. 어머니가 계시는 거얼무에 들렀다가 며칠 뒤에 다른 지방으로 떠나야 한단다.

지프는 어느 마을에서 우리를 내려주었다. 그곳에서 다시 버스를 타고 거얼무로 가야 했다. 나는 루쉰과 함께 버스를 타고 이동했다. 이곳에 대한 정보가 전혀 없었기에 루쉰을 따라 움직였다. 버스는 새벽 두시가 넘어서야 거얼무에 도착했다. 어디로 가야 할지 몰라 하는 내게 루쉰은 자신을 따라오라고 했다. 우리는 택시를 타고 루쉰 어머니의 집으로 가서 하룻밤을 묵었다. 루쉰의 가족들은 나를 반겨주었고 극진히 대접해주었다. 특히 중국 가정교회의 교인인 어머니가 따뜻하게 맞아주셨다. 가족들 모두 사투리를 써서 의사소통은 제대로 되지 않았지만 나는 진심으로 그들을 축복했고, 그들도 나를 정성껏 대접해주었다. 나는 루쉰에게 꼭 예수님을 믿고 교회에 나가서 예배를 드리라고 강권했다.

히말라야의 문턱에서 마주친 난관

루쉰은 나를 위해 거얼무에서 티베트로 들어가는 교통편을 알아봐주었다. 그런데 버스터미널에 다녀온 루쉰의 표정이 좋지 않았다. 거얼무에서 티베트의 수도인 라싸까지 가는 일반 버스는 외국인들에게 표를 팔지 않는다고 했다. 나는 루쉰에게 감사한 마음을 전하며 직접 길을 찾아보겠다고 말하고 작별 인사를 했다.

루쉰과 헤어지고 버스터미널로 향했다. 티켓을 파는 사람은 내가 외국인인지 아닌지를 계속 확인하는 눈치였다. 다행스럽게도, 회족들은 흙먼지투성이에 조금 서툴게 중국어를 구사하는 나를 소수민족이라 생각하는 듯했다. 버스를 찾아다니며 표를 알아보다 백인 여행자를 만났다. 먼저 다가가 인사를 하고 외국인이 티베트로 들어가는 방법을 물었다. 장발에 키가 큰 독일인 여행자는 여행 책자를 보여주며 자세히 설명해주었다. 라싸까지 가는 길에는 중국 정부에서 관할하는 몇 군데의 검문소가 있는데 외국인임이 발각되면 엄청난 금액의 벌금을 물던지 아니면 공안에 잡혀가든지 내키지 않는 봉변을 당해야 한다고 했다. 외국인들이 티베트를 여행하려면 외국인 여행 허가증이 있어야 하는데 중국국제여행사라는 곳에서 굉장히 비싼 값에 만들어준다. 그곳에서 파는 버스 티켓은 중국 현지인 요금의 열 배정도의 가격이란다.

기가 막혔다. 부당하다는 생각도 들었고 요금을 감당할 만한 여력도 안 되었다. 걸어서 이동하려 해도 통행증 없이는 검문소를 통과할 수 없었다. 결국 회족들이 운영하는 민영버스에 현지인 요금을 내고 티켓을 샀다. 회족 버스 기사는 의심 없이 표를 팔았다. 현지인들이 쓰는 포대 같은 커다란 가방을 사서 거기에 짐과 배낭을 넣고 버스에 올라탔다.

버스는 라싸를 향해 출발했다. 중간에 외국인 두 명이 버스에 탔는데 젊은 여자와 백발의 아저씨였다. 둘이 대화하는 것을 들어보니 한국인이었다. 기사 아저씨 말로는 외국인이라 현지인보다 다섯 배나 많은 요금을 받았다고 한다. 한국 사람을 만나서 정말 반가웠지만 나는 신분이 발각될까 봐 말도 걸지 못했다. 해발 4천 500미터 지점을 지나는데 여자는 구토를 하고 아저씨는 코피를 흘렸다. 현지인들은 버스 안에서도 연신 담배를 피웠다. 나는 약간 어지러움을 느낄 뿐 별다른 이상은 없었다. 버스를 타고 오는 중에 검문소를 몇 군데 지났지만 다행히 신분증 검사 없이 통과했다. 창밖으로 보이는 높은 설산들과 풀을 뜯는 야크 떼와 양 떼들이 한 폭의 그림 같았다.

버스가 더 높은 지대로 올라가자 갑자기 머리가 아파왔다. 그런데 갑자기 기사 아저씨가 다음 검문소에서 신분증 검사가 있다며 신분증을 준비하라고 외쳤다. 가슴이 쿵쾅거렸다. 여행허가증이 없다는 게 발각되면 무슨 일을 당할지 전혀 알 수 없었다. 버스 기사에게도 현지인 요금을 냈기에 외국인임이 들통나면 안 되는 상황이었다. 그렇다고 이 엄청난 높이의 히말라야를 식량과 물도 없이 걸어서 이동한다는 것은 정말 목숨을 건 모험일 것이다. 하지만 고민하느라 지체할 시간은 없었다. 나는 기사 아저씨에게 버스를 세워달라고 했다. 해발 5천 미터가 넘는 지점의 절벽 길이었다.

버스는 나를 버려두고 히말라야의 설산들 사이로 사라졌다. 나 혼자서 이 난관을 뚫고 나가야 한다. 내 중심이 내가 아니라 주님을 향하고 있다면, 나의 선택에 주님이 개입하셔서 최선의 길로 인도하시리라 믿었다.

나는 무거운 짐을 어깨에 둘러메고 걷기 시작했다. 100미터 정도를 걸었을 뿐인데 운동장 열 바퀴를 전력 질주한 듯 숨이 찼다. 산소

하나님을
찾아서

가 부족하니 호흡 자체가 힘들었다. 머리도 땅하고 속이 울렁거렸다. 이런 곳에서 20킬로그램이 넘는 짐 가방을 들고 하루 종일 걷는 건 자살 행위나 마찬가지일 것이지만 내겐 별다른 방법이 없었다.

검문소를 피해 가고 싶어도 그러다가 들키면 오히려 더 큰 처벌을 받을지도 모른다. 걸어서 검문소에 도착해도 문제였다. 오체투지를 하는 티베트 현지인을 제외하고는 이런 고지대를 걸어서 이동하는 사람들은 아무도 없을 것이다. 머리가 복잡해졌다. 진퇴양난에 빠져 이도저도 할 수 없는 상황이었다. 그렇지만 이스라엘로 가려면 히말라야는 반드시 넘어야 할 산이었다.

예전에 쿤밍 선교사님이 해주신 말씀이 생각났다. 이스라엘 백성이 애굽을 탈출하고 나서 들뜬 마음으로 가나안을 향하는데 갑자기 그들 앞에 넘실대는 거대한 홍해가 나타났다. 뒤에서는 그들을 진멸하려는 애굽 군대의 말발굽 소리와 전차 소리가 들려온다. 앞을 봐도, 뒤를 봐도 길이 막혀있는 답답한 상황에서 백성들은 두려움에 떨었을 것이다. 그때 모세는 믿음으로 하늘을 바라보며 하나님께 길을 열어주시길 간구했다.

> 모세가 백성에게 이르되 너희는 두려워하지 말고 가만히 서서 여호와께서 오늘 너희를 위하여 행하시는 구원을 보라 너희가 오늘 본 애굽 사람을 영원히 다시 보지 아니하리라 여호와께서 너희를 위하여 싸우시리니 너희는 가만히 있을지니라
> _출 14:13,14

그러나 이스라엘 자손은 바다 가운데를 육지로 행하였고 물이 좌우에 벽이 되었더라
_출 14:29

이스라엘 백성이 고민하고 갈등할 때는 답을 찾을 수 없었다. 그런데 사람의 생각 위에 계시고 하늘보다 높으신 하나님께 도우심을 구했더니 놀라운 일이 일어났다. 바다에 길이 열린 것이다.

사람의 힘으로는 할 수 없는 것을 창조주 하나님께서는 하신다. 내가 문제를 해결하려 하기 전에 먼저 하나님께서 행하시도록 잠잠히 기다리며 간구해야 한다. 사람이 일하면 부작용이 많지만 하나님이 일하시면 부작용이 없다. 우리의 삶 가운데 하나님이 행하시는 기적이 넘쳐나기를 소망해야 한다.

나는 기도하기 시작했다. 검문소를 지나야 히말라야 산맥을 넘을 수 있고 그래야 이스라엘까지 갈 수 있다. 절박한 심정으로 주님께 부르짖었다.

하나님을
찾아서

말과 함께
히말라야를 넘다

티 베 트 Tibet

나를 구해준 흑마

사막의 열기가 채 가시기도 전에 히말라야에서 영하의 추위를 만났다. 히말라야는 사막의 날씨처럼 일교차가 컸다. 밤이 되면 기온이 영하로 떨어졌고 낮에는 고도가 높아서 얼굴에 화상을 입을 만큼 햇볕이 따가웠다. 그러다가도 먹구름이 태양을 가리면 금세 눈보라가 몰아쳤다. 날씨가 변덕스러운 해발 5천 미터에서 무거운 배낭을 메고 걷는 것은 사막을 걷는 것보다 훨씬 힘들었다. 머리가 어질어질하고 금방 숨이 차올랐다. 이곳에 사는 티베트인들도 다들 걸음이 느릿느릿했다. 여기서 달린다는 것은 상상할 수도 없는 일이다. 다들 시간을 등진 채 천천히 숨 쉬며 살아간다.

나는 얼마 걷지 못해 털썩 주저앉았다가 또 걷고 주저앉기를 반복했다. 몸은 극도로 피곤한 데다 산소가 부족해 서있기조차 힘들었다. 도저히 걸어서 못가겠다는 생각이 들었다. 잠시 큰 바위에 걸터앉아 주님께 간구했다. 기도마저 힘들어 그저 "주님, 주님." 하며 하나님만을 찾았다.

그때 갑자기 귓가에 말발굽 소리가 들렸다. 주님이 나를 위로하시려고 환상 속에 백마를 타고 오시는 건가 싶었는데, 눈을 떠보니 티베트 할아버지가 검은색 말을 타고 가고 있었다. 넋을 놓고 지켜보다 번뜩 생각이 났다.

'맞다, 바로 저거야! 말을 타고 가면 되겠구나!'

짐을 말에 실으면 먼 거리도 이동할 수 있고 에너지 소모도 덜할 것이다. 몽골에서 말을 몇 번 타봐서 무섭지도 않았다. 더 중요한 것은 티베트 현지인들이 말을 타고 다니니까 검문소도 안전하게 지날 수 있겠다 싶었다.

할아버지는 검은 말을 타고 어느 작은 마을로 유유히 들어갔다. 사력을 다해 티베트 할아버지를 쫓아가서는 다짜고짜 말을 살 수 있냐고 물었는데, 중국어를 못 알아들으셨다. 잠시 기다리라는 손짓을 하시더니 건너편 집에서 청년을 데려왔다. 중국어를 통역해줄 사람을 데려온 것이다.

내가 할아버지가 탄 말을 사고 싶다고 했더니 청년이 의아해했다.

이유가 있으니 얼마에 살 수 있는지 물어봐달라고 재촉했다. 할아버지는 중국 돈 800위안을 제시했으나, 흥정 끝에 700위안(9만 원)에 말 한 마리와 안장까지 샀다. 티베트 말은 덩치는 크지 않지만 세계에서 지구력이 가장 좋다고 한다. 히말라야의 거친 환경에서 살아남으려면 강할 수밖에 없을 것이다. 나는 말에게 '흑마'라는 이름을 붙여주었다.

말을 타고 남쪽을 향해 이동하다보니 드디어 검문소가 나타났다. 심장이 두근거려 가슴에 손을 얹고 호흡을 가다듬었다. 그리고 팔꿈치 길이의 나뭇가지를 꺾어 오른손에 쥐고서 흑마의 엉덩이를 때리며 있는 힘껏 달렸다. 흑마는 바람에 갈기를 휘날리며 힘차게 달렸다. 보초를 선 공안들은 말을 타고 가는 나를 보고서도 별 반응을 보이지 않았다. 당연히 티베트 현지인이라 생각했을 것이다. 그 누가 외국인이 말을 타고 히말라야를 건너리라 생각했겠는가?

그 뒤로 흑마를 타고 히말라야를 이동했다. 서남쪽으로 갈수록 점점 고도는 낮아졌다. 5천 미터에서 4천 미터 지점으로 내려가니 산소가 더 많아져 두통도 없어졌고 피로감도 덜 느꼈다. 뛰어다닐 수 있을 정도였다. 흑마를 타고 다니는데 가장 큰 걸림돌은 먹이였다. 풀을 먹일 수 있는 곳을 만나면 풀어놓고 풀을 뜯게 하고, 마땅한 곳이 없으면 현지인의 집에서 건초를 얻어먹였다. 노쇠한 말이라 낮에는 타고 해 질 녘 한두 시간은 같이 걷거나 끌고 가기도 했다.

나취라는 도시를 지날 때엔 식량을 구입해두었다. 타클라마칸 사

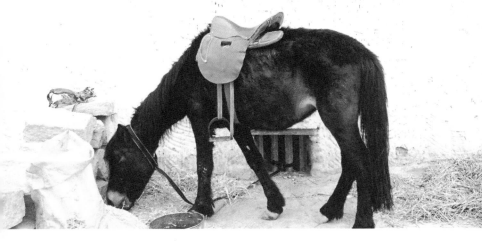

막처럼 히말라야 역시 척박하기는 마찬가지였기에 상하지 않는 음식들로 비상식량을 꾸렸다. 소시지와 초콜릿, 야크 고기 말린 것을 사두었다. 야크는 해발 3천 미터 이상의 고지대에서만 사는 동물이다. 맛은 소고기와 비슷했다.

히말라야에 올라오기 전 많은 중국인들이 내 안전을 걱정했다. 티베트인들은 거칠고 장정들은 몸에 장칼을 소지해서 언제든지 봉변을 당할 수 있다고 했다. 실제로 티베트 남자들은 종아리에다 팔뚝만 한 장칼을 꼽고 다녔다. 그런데 걱정과는 달리 친절하고 호의적이었다.

흑마는 나를 태우고 가는 것을 많이 버거워했다. 지쳐서인지 배가 고파서인지 중간에 멈춰설 때도 있었다. 그럴 때면 흑마에서 내려 함께 걷곤 했다. 그래도 혼자 배낭을 메고 걷는 것보다는 훨씬 수월했다. 먼 거리를 이동하고 저녁에 먹는 야크와 소시지 맛은 기가 막혔다. 따뜻한 커피 한 잔만 곁들인다면 완벽했을 것이다.

날이 점점 어두워졌다. 흑마를 위해 풀이 적당히 난 곳을 찾아 서둘러 텐트를 쳤다. 흑마는 연신 풀을 뜯었고, 나는 오리털 침낭 속으로 들어가 잠을 청했다. 밤 추위에 대비해 점퍼를 껴입고 머리까지 침낭 속에 넣고 잤다. 새벽녘 매서운 바람에 흑마가 걱정되어 밖을 보았더니, 흑마는 서서 연신 숨을 몰아쉬며 자고 있었다.

해가 뜨자마자 일어났다. 두 시간 동안은 흑마를 풀어놓고 풀을 뜯겼고 나는 바위 위에 앉아 말씀을 묵상했다. 흑마가 풀을 뜯는 동안은 풀 냄새가 사방에 진동했다. 신선하고 향긋했다.

말을 타고 길을 지나는 동안 크고 작은 마을들이 나타났는데 티베트 현지인들의 집에서 식사를 한 끼 얻어먹기도 했다. 어딜 가나 티베트인들은 밀가루 같은 가루에 기름 섞인 차를 섞어서 먹었다. '짱바'라고 부르는 이 음식이 주식이었다. 먹을 것이 별로 없는 이들에게는 소중한 음식이었다. 손으로 가루를 한 움큼 쥔 채 기름 섞인 차를 섞어서 손으로 꾹꾹 눌러 입으로 가져간다. 아무 반찬도 없다. 그렇게 몇 번 반복해서 먹으면 한 끼 때우는 것이다. 마을이 나타나면 티베트인의 집에 들어가 흑마에게 먹일 건초를 얻어먹였는데 대부분은 흔쾌히 건초를 내주었다.

폐가에서 깨달은 십자가 사랑

해가 지면 텐트를 치기 어렵기 때문에 서둘러 텐트 칠 적당한 장소를 찾아야만 했다. 그런데 마땅한 장소를 찾기가 쉽지 않았다. 바람을 피할 수 있는 평평한 땅이어야 하는데 그런 곳이 없었다. 시간이 없어 지쳐있는 흑마에 올라타 달리기 시작했다. 힘들어하는 흑마의 재갈을 끌어당기며 조금만 버텨달라고 애원하며 달렸다. 벌써 해는 산봉우리에 걸렸다. 십 분 안에 어두워질 것 같았다. 저 멀리 양 떼가 보였다. 열 살도 채 안 되어보이는 어린 목동이 양 떼를 몰고 있었다. 다행히 중국어를 조금 할 줄 아는 아이였다.

"지금 잘 곳을 찾지 못해서 헤매고 있는데 하룻밤 머물 만한 곳이 근처에 있니?"

어린 목동은 잠시 생각하더니 장소가 떠올랐는지 자신을 따라오라고 한다. 길을 벗어나 5분 정도 산 쪽으로 올라갔더니 폐가가 나왔다. 목동에게 고맙다고 인사하고 서둘러 폐가로 향했다.

금세 짙은 어둠이 드리웠다. 가방에서 손전등을 꺼내 길을 비추어 주었다. 흙으로 지어진 폐가의 창문과 문틈에 거미줄이 잔뜩 처져있었다. 손전등을 비추어 조심스레 문을 열었다.

'맙소사!'

문을 연 순간 온몸에 소름이 돋았다. 사람이 목을 맬 만한 둥그렇게 묶인 밧줄이 천장에 달려있고 바닥에는 벌겋게 핏자국이 남아있었다. 순간적으로 뒷걸음을 쳤다.

'여긴 도대체 뭘 하는 곳이지?'

주위가 온통 컴컴해서 돌아갈 수도 없었다. 어쩔 수 없이 폐가에서 자야 했다. 용기를 내어 방 안쪽을 찬찬히 살폈다. 여기저기에 털들이 널려있고 구석에는 가죽덩어리가 버려져있었다. 자세히 보니 양가죽이었다.

이곳은 양을 잡는 도살장이었다. 몽골을 지날 때 양을 잡는 모습을 본 적이 있다. 양을 매달아놓고 가슴을 칼로 가르고 벌어진 사이로 손을 집어넣어 심장과 연결된 혈관을 끊는다. 그렇게 하는 것이 가장 고통스럽지 않게 양을 죽이는 방법이라고 한다. 나는 핏자국 난 바닥 위에 텐트를 치고 구석에 버려진 양가죽을 텐트 안에 깔고 누웠다.

다행히 밀폐된 곳이라 히말라야의 혹독한 추위를 피할 수 있었다.

놀란 가슴을 쓸어내리고 손전등을 비추며 성경을 읽기 시작했다. 이런 도살장에서의 죽음과는 비교할 수 없을 정도로 비참하게 죽임 당하셨던 예수님을 생각했다. 6시간이나 십자가에 달려 몸 안의 모든 물과 피가 빠져나갈 때 얼마나 고통스러우셨을까? 하나님께 버림받고 인류의 모든 저주를 받아야 했을 때 예수님의 마음은 찢어질 듯 아팠을 것이다. 그 모든 고통과 저주가 내가 받아야 할 것을 예수님이 대신 받으신 것이라 생각하니 하나님의 한량없는 사랑이 물밀듯 밀려왔다.

히말라야 산맥의 한복판, 양을 잡는 도살장에서도 하나님은 나를 만나주셨고 그 사랑을 보여주셨다. 예수님의 십자가를 묵상하며 이런 생각을 했다. 왜 창조주이신 예수님이 가장 처절하고 비참한 십자가에서 죽으셔야 했을까? 전능하신 분이 꼭 그렇게까지 해야 했던 이유가 무엇일까?

〈브루스 올마이티〉라는 영화를 보면 신적 능력을 가진 주인공이 등장한다. 그는 생각하는 모든 것을 이룰 수 있는 능력을 가졌다. 바다도 걸을 수 있고 순간 이동도 할 수 있으며 상상하는 모든 것을 현실 세계에서 이룰 수 있다. 그런데 그가 하지 못하는 단 한 가지가 있었는데, 그를 떠난 여자 친구의 마음을 돌이키는 것이었다. 아무리 여자 친구 앞에서 신적인 능력을 사용해도 변화가 없었다. 어떤 권능과 힘으로도 그녀의 마음을 얻지 못했다. 그런데 나중에 자신의 진실한 마음을 보이고 진심으로 용서를 구하며 다가갔을 때 주인공은 사랑하는 사람의 마음을 다시 얻을 수 있었다. 만약 주인공이 초월적인 능력으로 여자의 마음을 얻었다면 인격적인 사랑이라 할 수 없을 것이다. 그건 강제로 빼앗은 것이다. 진정한 사랑은 서로의 진심이 확인될 때 이루어지는 것이다.

하나님은 전능하시기에 말씀 한마디로 우리 마음을 돌이킬 수도 있다. 그런데 주님은 그렇게 하지 않으셨다. 우리에게 진심을 보여주길 원하셨다. 십자가에서 나를 대신하여 죽으심으로 나를 얼마나 사랑하는지 직접 보여주길 원하셨고 내 마음을 감동시켜 나 스스로 그 사랑에 굴복하길 바라셨다. 바닥이 핏자국으로 붉게 물든 히말라야의 양 도살장에서 주님은 내게 왜 십자가여야만 했는지를 알려주시고 한량없는 은혜를 쏟아부으셨다.

> 우리가 아직 죄인되었을 때에 그리스도께서 우리를 위하여 죽으심으로 하나님께서 우리에 대한 자기의 사랑을 확증하셨느니라 그러면 이제 우리가 그의 피로 말미암아 의롭다 하심을 받았으니 더욱 그로 말미암아 진노하심에서 구원을 받을 것이니 곧 우리가 원수되었을 때에 그의 아들의 죽으심으로 말미암아 하나님과 화목하게 되었은즉 화목하게 된 자로서는 더욱 그의 살아나심으로 말미암아 구원을 받을 것이니라 _롬 5:8-10

흑마의 죽음

히말라야의 길은 험난했다. 어떤 길은 바로 몇 발자국 옆이 수 백 미터 낭떠러지로 이어진 곳도 있었다. 그 아래에는 굴러떨어진 차들의 잔해가 그대로 남아있었는데 눈앞이 아찔했다. 그렇게 가슴을 졸이며 절벽 길을 지나기도 했고 때로는 눈보라가 몰아쳐 한치 앞도 볼 수 없는 벼랑 끝을 지나기도 했다. 매 순간 하나님의 도우심을 구했다. 주님께서 함께하시지 않았다면 나는 결코 살아남지 못했을 것이다.

시간이 지날수록 흑마는 지쳐갔다. 하루 종일 무거운 짐과 나를 태우고 수십 킬로미터의 거리를 지나야 했던 까닭인지 아니면 먹을 것을 제대로 먹지 못해서인지, 흑마는 자주 숨을 몰아쉬었고 점점 야위어갔다. 오전에만 흑마를 타고 나머지 시간은 함께 걸어갔다. 히말라야의 깊은 곳으로 들어갈수록 흑마가 먹을 만한 풀을 찾기가 어려웠다. 마을에서 얻어먹는 건초로는 턱없이 부족해보였다. 급기야 흑마는 나를 태우고 가다가 몇 번이나 주저앉았다.

하루에 20~30킬로미터를 이동한 뒤 산기슭에서 텐트를 치고 밤을 보냈다. 저녁부터 시작된 눈보라가 그치질 않았다. 온종일 아무것도 먹지 못한 흑마가 잘 버텨줄지 걱정이 되었다. 밤사이 거친 바람은 계속 몰아쳤고, 흑마는 어디가 아픈지 밤새 신음 소리를 냈다.

밤새도록 침낭 속에서 오들오들 떨며 뒤척이다 선잠을 자고 아침에 일어났다. 그런데 웬일인지 주위가 조용했다. 아침이면 흑마의 숨소리나 움직이는 기척이 들렸는데 이상하게도 주위가 고요했다. 밖으로 나가보았는데 밤새 내린 눈이 발목까지 쌓여있었다. 그리고 텐트 뒤쪽에는 흑마가 엎드려있었다. 등에 눈이 하얗게 쌓였다. 눈을 털어내고 흑마의 가슴에 손을 대어보니 심장이 뛰질 않는다. 몸도 차갑고 딱딱하게 굳어있었다. 강추위가 흑마를 얼려버린 것 같았다. 앞이 캄캄했다. 말의 가슴에 손을 얹고 기도하기 시작했다. 말을 살려달라고 애타는 마음으로 기도했다. 하지만 말은 꿈쩍도 안했다. 흑마에게 소리치며 명령했다.

"주께서 쓰시겠다!"

"일어나 걸어라!"

"달리다굼!"

아무리 소리쳐봐도 흑마는 결국 살아나지 않았다. 싸늘한 시체가 되어버린 말을 뒤로 한 채 짐을 꾸리고 걷기 시작했다. 눈보라를 헤치며 걷고 또 걸었다. 수백 킬로미터를 함께한 흑마를 잃으니 마음 한 구석이 아팠다. 눈보라 때문에 앞도 잘 보이지 않는 데다 차가운 바람이 뼛속까지 파고들었다. 히말라야의 설인처럼 눈을 헤치며 한 걸음 한 걸음 발을 내딛었다.

주님께선 나를 극한의 상황으로 몰고 가시며 강도 높은 훈련을 시키셨다. 독수리는 새끼를 훈련시킬 때 벼랑 끝에서 떨어뜨린다고 한다. 새끼가 땅에 곤두박질치기 직전에 어미 독수리가 새끼를 안전하게 낚아챈다. 새끼가 떨어지고 있을 때 어미 독수리도 함께 비행하며 새끼를 지켜본다는 것이다. 하나님도 그의 자녀들을 그렇게 훈련시킨다는 생각이 들었다. 벼랑 끝에서 추락하는 성도들을 결코 버려두지 않고 바닥에 곤두박질치기 전에 그 강하신 팔로 붙들어 올리신다. 성도는 그렇게 연단받고 훈련받으면 견고한 믿음이 생긴다. 그 순간은 죽을 것처럼 힘들지만 끝까지 참고 인내하면 날개에 힘이 생겨 마음껏 날아오를 수 있다.

> 마치 독수리가 자기의 보금자리를 어지럽게 하며 자기의 새끼 위에 너풀거리며 그의 날개를 펴서 새끼를 받으며 그의 날개 위에 그것을 업는 것같이 여호와께서 홀로 그를 인도하셨고 그와 함께 한 다른 신이 없었도다 _신 32:11,12

복음이 절실한 민족에게

티베트의 불교사원에 들어가볼 기회도 있었다. 티베트인들은 사원 모서리마다 달려있는 마니차를 계속해서 돌렸다. 손에도 경전인 마니차를 들고 쉴 틈 없이 돌렸다. 그것을 돌릴 때마다 경전을 한 번 읽은 것으로 계산해준다고 한다. 실제로 읽지도 않고 내용도 모르는데도 말이다. 많이 돌릴수록 복을 받는다고 믿었다. 정말 복음이 절실한 민족이었다. 무엇이 진짜 복인지, 무엇이 진짜 생명을 주는 것인지 알려야 했다.

히말라야를 지나는 동안 수많은 어린 목동들과 학교도 다니지 못하는 아이들을 만났다. 중국 정부에서는 라싸부터 네팔까지 큰길을 놓고 있었는데 많은 티베트인들이 공사에 동원되었다. 공사 현장엔 어린아이들도 많았다. 아이들은 하루에 15~20위안(2~3천 원) 정도를 받으며 밤늦은 시간까지 벽돌과 흙을 날랐다. 힘들지 않느냐고 물으면 오히려 운 좋게 일자리를 얻었다며 좋아했다.

가난으로 신음하고 있는 이들에게 내가 줄 수 있는 것은 오직 복음뿐이었다. 물질은 사람들에게 편안한 삶을 제공해줄지는 몰라도 결코 평안을 주지는 못한다. 참된 평안과 기쁨은 오직 예수 안에서만 누릴 수 있다. 나는 중국어를 할 줄 아는 티베트인을 만날 때마다 영생의 복음인 예수 그리스도를 전했다. 하지만 많은 사람들이 마음을 열지 않았다. 오랜 기간 티베트 불교가 이들의 절대적인 종교였고 삶이었기에 좀처럼 생각이 바뀌지 않았다. 그나마 티베트 불교의 영향을 덜 받은 어린아이들과 청소년들은 예수님을 영접하는 경우도 있었다.

오체투지를 하는 사람들도 만났다. 고향에서 출발하여 몇 년 동안이나 성지를 향하여 절을 하며 순례를 하는 이들이었다. 절을 할 때 무릎과 손이 땅에 깊이 닿을수록 죄가 더 사해진다고 믿었다. 이들은 오직 죄 사함과 복을 받기 위해 오체투지를 했다.

안타까웠다. 우리의 노력에 의해서가 아니라 하나님의 은혜로만 구원받을 수 있음을 전해야 했다. 우리를 죄의 고통과 영원한 형벌에서 자유롭게 하시고 은혜와 진리를 알게 하려 이 땅에 오신 예수 그리스도가 복이다. 세상의 모든 사람들이 그토록 찾아 헤매는 그 복이 바로 예수 그리스도라고 외치고 싶었다. 복음을 가까이 하고 복음을 전파하는 것만이 나도 살고 저들도 살릴 수 있는 길이다.

> 이는 그리스도 예수 안에서 아브라함의 복이 이방인에게 미치게 하고 또 우리로 하여금 믿음으로 말미암아 성령의 약속을 받게 하려 함이라 _갈 3:14

하나님과 함께하는 이곳은 천국

하늘을 찌를 듯이 솟아있는 설산들 사이로 매서운 바람이 불어왔다. 해가 지기 전에 텐트를 치고 누워, 낮에 마을에서 얻어온 짱바를 한 움큼 먹었다. 그래도 허기진 배에다 무어라도 집어넣었더니 좀 살 것 같다.

텐트 옆에다 불을 피우기 위해 나뭇가지들을 모으러 밖으로 나갔는데 밤하늘에 무수한 별들이 반짝이고 있었다. 하나님이 지으신 세계는 참으로 아름다웠다. 밤이 깊어지자 그 어디서도 볼 수 없었던 그림 같은 풍경이 펼쳐졌다. 하늘에 가득 찬 별들은 마치 강처럼 하늘을 흘러갔다. 그리고 헤아릴 수도 없이 많은 별똥별들이 하늘 너머로 떨어졌다. 마치 내가 끝없이 펼쳐진 우주 공간에 서있는 것 같았다. 태초에 하나님이 만물을 창조하시고 보시기 좋았더라고 하셨던 것처럼 내 마음 깊은 곳에서 감동이 일었다. 비록 가진 것도 없이 외로운 순례 길을 걷고 있지만 하나님이 나를 만나주시는 이곳이 천국

복음을 가까이 하고 복음을 전파하는 것만이
나도 살고 저들도 살릴 수 있는 길이다.

이라는 생각이 들었다. 하나님이 나와 함께하시는데 무엇이 더 필요하겠는가?

> 너희 성도들아 여호와를 경외하라 그를 경외하는 자에게는 부족함이 없도다
> _시 34:9

입술에선 찬양이 터져 나왔다. 하늘에 가득한 창조주의 영광 앞에서 찬양하지 않고선 견딜 수 없었다. 이 아름답고 광대한 세계를 나를 위해 창조하여 선물로 주신 하늘 아버지의 사랑이 정말 위대하고 놀라웠다.

> 주 하나님 지으신 모든 세계 내 마음 속에 그리워볼 때
> 하늘의 별 울려 퍼지는 뇌성 주님의 권능 우주에 찼네
> 주님의 높고 위대하심을 내 영혼이 찬양하네
> 주님의 높고 위대하심을 내 영혼이 찬양하네

끊임없이 찬양이 나왔다. 이전에 교회에서 의무적으로 따라한 찬양과는 차원이 달랐다. 하나님을 향한 경외심으로 가득한 진짜 찬양이 내 속에서 흘러나왔다. 하나님의 영광스러움 앞에서 벅찬 감격과 진심으로 주님을 찬양했다.

하나님을
찾아서

높은 산이 거친 들이 초막이나 궁궐이나
내 주 예수 모신 곳이 그 어디나 하늘나라
할렐루야 찬양하세 내 모든 죄 사함 받고
주 예수와 동행하니 그 어디나 하늘나라

높은 산이나 거친 들이나 바다나 사막이나 내 주님이 함께하시는 그곳이 곧 천국이다. 좋은 집이 있고 멋진 차를 타고 다녀도 예수님과 동행하지 않으면 지옥을 사는 것이다. 모든 것을 가져도 하나님께서 주시는 참 안식이 없다면 그 마음은 고통스럽고 괴로울 수밖에 없다. 비록 가지지 못해도, 남들보다 가난해도, 건강하지 않아도, 예수님과 하루하루 동행하는 사람만이 영원한 기쁨을 누릴 수 있다.

황마를 만나다

온종일을 걷고 또 걸었다. 해발 4천 미터 넘는 곳에서 엄청난 무게의 배낭을 메고 걷는 것은 정말 고통스러웠다. 나귀새끼라도 한 마리 사서 짐을 싣고 싶었다. 어깨에 피가 통하지 않아 팔에 핏줄이 터질 듯 솟구쳤고 숨이 금방 차올랐다. 한 시간 정도만 배낭을 메고 있어도 어깨가 빠질 듯이 아팠고 다리가 후들거렸다. 더 이상 이대로는 안 될 것 같아 바닥에 철퍼덕 주저앉았다. 설산들 사이로 난 길은 끝이 없어 보였다. 히말라야 산맥은 우리나라보다 면적이 몇 배나 크다.

얼마나 걸어야 목적지에 도달할 수 있을지 알 수 없었다.

그렇게 주저앉았다 일어섰다를 반복하며 며칠을 걸었다. 그러다 한 마을로 들어갔는데, 마을 사람들은 이방인을 경계심 없이 맞아주었다. 집집마다 담벼락에 소똥인지 말똥인지를 동그랗고 납작하게 만들어 손으로 붙이고 있었다. 담벼락에 붙여놓은 똥이 히말라야의 차가운 바람과 해충들을 막아준다고 한다. 또한 마른 똥은 필요할 때 연료로도 사용되었다. 어느 티베트 할머니의 집에 들어가 한 끼 식사를 얻어먹었는데 똥을 만지던 손으로 짱바를 꾹꾹 눌러서 건네준다. 손을 안 씻었을 텐데, 순간 주저했지만 감사함으로 받아먹었다.

마을에서 나보다 한 살 어린 쓰라나무라는 티베트 청년을 만났다. 눈이 총명해 보이는 그는 목동이었는데 중국 보통어를 나보다 더 잘했다. 그가 말을 타고 다녀서 내 눈에 금방 띄었다. 그에게 말을 구할 수 있는지 물었더니 옆 마을에 마시장이 있다고 했다.

쓰라나무와 함께 말을 타고 옆 마을로 이동했다. 말 한 마리에 두 사람이 같이 타보기는 처음이었다. 혹여나 말에서 떨어질까 싶어 쓰라나무의 허리춤을 손으로 꽉 잡았다. 걸어갔으면 족히 3시간은 가야 할 길을 한 시간도 안 되어 도착했다. 도착한 곳은 가정집에 우리를 만들어 말을 사기도 하고 팔기도 하는 곳이었다. 열 마리 정도가 있었는데, 살펴보다 건강하게 생긴 젊은 황색 말을 택했다. 주인은 1200위안을 불렀고 나는 800위안을 줄 수 있다고 하며 흥정하다 결국 천 위안에 샀다. 말이 황색이라 나는 황마라 부르기로 했다.

황마는 젊고 힘이 좋았다. 종일 타고 다녀도 멈춰 서지 않았다. 이런 속도라면 하루에 40~50킬로미터 정도는 이동할 수 있었다. 하얗게 눈 덮인 고봉들을 지날 때엔 자연 가운데 충만한 하나님의 영광이 느껴져 찬양이 절로 나왔다.

'이렇게 아름다운 하나님의 세계를 보여주시려고 나를 이 먼 곳으로 부르셨구나.'

황마를 타고 이동하는데 저 멀리 반짝거리는 것이 보였다. 개울이었다. 모처럼 만나는 물에 신이 나서 황마를 묶어두고는 얼굴을 씻고 머리를 감았다. 거의 한 달 만에 씻는 것이었다. 히말라야의 설산에서 흘러온 물이라 머리가 깨질 듯이 차가웠다. 그래도 오랜만에 땀으로 범벅이 된 얼굴과 머리를 씻을 수 있어서 감사했다.

손에 든 생명줄을 던지라

정확히 며칠이 지났는지는 알 수 없지만 한 달이 넘는 시간 동안 히말라야를 지났다. 여전히 힘겨운 싸움이었다. 제대로 씻을 수도, 먹을 수도 없었다. 최소한의 식량으로 버틸 뿐이었다. 하지만 감사하게도 주님은 위기의 순간마다 적절하게 돕는 자들을 보내셨고 피할 길들을 여셨다. 하나님이 내 인생을 인도하시며, 사랑을 쏟아부으신다고 생각하니 매 순간 힘이 났다. 생각해보면 그동안 상황 때문이 아니라 위로를 얻지 못해 힘들었던 것 같다. 하지만 이제는 하늘 아버지의 위로가 마음에 충만하니 어떤 고통스런 상황에서도 힘이 솟았다.

> 우리의 모든 환난 가운데서도 위로가 가득하고 기쁨이 넘치는도다   _고후 7:4

얼굴은 화상을 입고 벌겋게 그을렸다. 히말라야는 고도가 높아 햇볕이 강렬했다. 거기다 매서운 추위 때문에 티베트인들은 대부분 얼굴이 벌겋다. 햇볕에 화상을 입고 얼굴이 탄 것이다. 한번은 티베트 현지인 집에서 잠을 잤다가 머리에 이가 옮아 가지고 있던 칼을 갈아 머리카락을 빡빡 밀어버려야 했다.

에버리스트와 가까운 작은 마을에서 한쪽 눈을 실명한 티베트 어린아이를 만났다. 소녀에게 예수님이 소경을 고쳐주셨던 이야기를 들려줬다. 예수님을 믿으면 고통이 없고 기쁨만 있는 천국에 갈 수 있다고 했더니 예수님을 믿고 싶다고 한다. 아이의 눈에 손을 대고 하나님의 도우심을 구하는 기도를 드렸다. 눈을 치료해달라고 기도했지만 마음 깊은 곳에서는 이 아이를 영원한 형벌에서 구원해달라는 기도가 나왔다.

옛날 5세기 영국에 페트릭이라는 사람이 살았다. 그는 기도하던 중 환상을 보았는데, 당시 아일랜드는 인육을 먹는 야만인들이 살던 아주 거친 섬나라였다. 누구도 아일랜드에 가서 복음을 전하려 하지 않았다. 그런데 환상 중에 페트릭은 평화로운 아일랜드의 해안가를 걷다가 저 멀리 바닷가에서 들리는 함성소리를 들었다.

"살려주세요, 살려주세요!"

페트릭은 자신을 향해 소리 지르는 사람을 보며 어쩔 줄 몰라 그 자리에 멈췄다. 그 순간 물에 빠져 죽어가던 사람이 페트릭을 향해 외쳤다.

"당신 손에 들려진 밧줄을 던지세요. 당신이 나를 살릴 수 있습니다!"

페트릭은 그 순간 자기 손에 밧줄이 들려진 것을 알았고 그 밧줄을 던져 죽어가던 아일랜드 사람을 살렸다. 페트릭은 이 환상을 보고 나서 아일랜드 선교사로 헌신했다. 그 누구도 가려고 하지 않았던, 식인 종족들이 살고 있던 야만인의 땅 아일랜드로 복음을 전하러 갔다. 이후 아일랜드는 100만 명의 기독교인들이 생겨났고 10만 명이 페트릭에게 세례를 받았다.

지금 내게 생명줄이 들려있다. 이 줄을 던지기만 하면 죽어가는 사람들을 살릴 수 있다. 누가 그 줄을 던질 것인가? 지금도 열방 곳곳에 하나님을 알지 못하고 죽어가는 영혼들이 있다. 우리 손에 들려진 이 생명줄을 던지기만 한다면 그들은 살릴 수 있다. 지금도 예수를 알지 못한 채 죽어가는 영혼들이 신음하며 복음 듣기를 갈망하고 있다. 자신에게 복음의 생명줄을 던져줄 하나님의 사람들을 고대하고 있다.

피조물이 고대하는 바는 하나님의 아들들이 나타나는 것이니 _롬 8:19

하나님을
찾아서

황마를 타고 서쪽을 향해 달려가는데 갑자기 저 멀리 검은 구름이 빠른 속도로 다가오고 있었다. 순식간에 어둠이 짙게 내리더니 주위가 어둑해졌다. 게다가 눈까지 내리기 시작해 서둘러 텐트를 쳐야 했다. 주변엔 마을도 없고 황량한 바위들만 보였다.

히말라야는 밤이 되면 영하로 떨어지기 때문에 해가 지기 전에 텐트도 치고 불 피울 땔감도 구해야 했다. 그런데 주위가 온통 절벽으로 둘러싸여 텐트를 칠 곳이 마땅치 않았다. 절벽 밑으론 머리만 한 돌덩어리들이 셀 수 없이 너부러져있었다. 낙석의 위험이 있었지만 절벽과 좀 떨어진 곳에 텐트를 쳤다. 큰 돌덩어리에 황마를 묶어두고 서둘러 텐트 칠 자리를 만들었다. 손전등을 켜두고 묵직한 돌들을 옆으로 밀어내고 바닥에 박혀있던 돌들도 빼내었다. 완벽하지는 않지만 그래도 하룻밤 잘 만한 공간이 나왔다.

눈이 내리기 시작해 황마가 걱정되었지만 내가 해줄 수 있는 게 없었다. 안 그래도 요 며칠 풀을 뜯길 곳을 찾지 못해 황마가 많이 굶주렸다. 마을에서 건초를 얻어먹이긴 했지만 그것만으로는 부족할 터였다. 건강했던 황마가 말라가는 것이 안타까웠다.

어두운 밤 텐트 속에서 내가 할 수 있는 것은 오로지 성경 읽고 기도하는 것밖에는 없었다. 이스라엘 백성들이 광야에서 행진할 때엔 늘 법궤가 2천 규빗을 앞서갔다. 이스라엘 백성들은 제사장들이 메고 가는 법궤를 따라갔는데 거기엔 하나님의 언약의 말씀인 십계명 돌판이 들어있었다. 법궤는 하나님의 말씀과 권능의 상징이다. 법궤가 1킬로미터를 앞서갔다는 것은 하나님의 말씀이 선행하여 이스라엘 백성들이 가야 할 길을 보이셨다는 뜻이다. 아브라함 역시 가나안 땅으로 갈 때 말씀을 좇아갔다고 했다.

> 이에 아브람이 여호와의 말씀을 따라갔고 롯도 그와 함께 갔으며 아브람이 하
> 란을 떠날 때에 칠십오 세였더라
> _창 12:4

말씀을 따라가려면 우선 말씀이 항상 내 귀에 들려야 하고 눈에 보여야 한다. 우리 시선이 세상을 향하면 세상을 좇게 되지만 우리 눈이 말씀을 향하면 하늘의 것을 좇게 된다. 히말라야의 한복판에서도 하나님 말씀을 붙드는 이 자리가 참 복되다고 느꼈다. 이스라엘까지 가는 동안 오직 말씀만을 좇아갈 수 있게 해달라고 기도하다 잠이 들었다.

이른 아침에 깨어 텐트 밖을 보니 밤사이 눈이 많이 내렸다. 그런데 이상하다. 주위가 조용하다. 순간 흑마가 죽었을 때가 생각났다. 서둘러 황마를 묶어두었던 텐트 뒤쪽을 살펴보았는데 황마가 보이지 않았다. 큰 돌멩이에 묶어둔 줄을 끊고 도망간 것이다. 눈앞이 캄캄했다. 지난밤 내가 잠들고 나서 바로 도망간 것이라면 30~40킬로미터를 갔을지도 모른다. 어디로 갔는지 안다고 한들 따라잡지 못할 게 분명했다. 한동안 실의에 빠져있었다. 말이 없으면 또다시 이 무거운

짐들을 홀로 들고 걸어야 한다. 절박한 마음으로 황마가 있었던 자리를 다시 살펴보다가 이상한 것을 발견했다. 황마의 발자국이었다.

'아! 발자국을 따라가면 되겠구나.'

마침 지난밤 눈이 내려 황마 발자국이 눈 위로 선명하게 남아있었다. 말 발자국을 따라가보니 내가 향하고 있는 네팔 쪽이었다. 서둘러 짐을 꾸려 무작정 발자국을 따라갔다. 말은 천천히 걸어갈 때와 빠른 속도로 걸어갈 때 그리고 힘차게 달려갈 때 모두 그 스텝이 다르다. 그렇기 때문에 남겨지는 발자국 모양도 다르다. 눈 위로 남겨진 황마의 발자국을 보니 엄청난 속도로 달려간 것이 분명했다. 제대로 먹지도 못하는 상황에서 무거운 짐에 나까지 태우고 가는 것이 쉽지 않았을 것이다. 정말 힘들었나 보다. 엄청 빠른 속도로 도망을 가다니! 황마가 빠르게 달리면 오토바이 정도의 속도는 낼 것이다. 그런데 히말라야의 험준한 지형을 생각한다면 자전거로 빨리 달리는 정도의 속도였을 것이다.

때맞춰 나타난 공안차

쉬지 않고 두세 시간을 걸었는데 황마의 발자국이 끝없이 이어졌다. 도대체 어디까지 간 것일까? 지나가던 길에 티베트 사람을 만나면 황색 말이 뛰어가는 것을 보았냐고 물었다. 대부분은 중국말을 알아듣지 못해 나는 말이 뛰는 시늉을 해보였다. 그래도 못 알아듣는 것 같아서 말이 우는 소리도 내보았는데 티베트 사람들의 표정이 굳어지며 불쌍한 눈으로 나를 바라보았다.

무거운 배낭을 둘러맨 채 죽기 살기로 걸었다. 네댓 시간은 족히 걸었다. 날씨가 풀리면서 눈이 녹기 시작했다. 눈이 녹으면 황마의 발자국을 따라갈 수가 없다. 배고픈 것도 참고 좀 더 속도를 냈다. 배낭이 너무 무거워 어깨에 피가 통하지 않았지만 정말 죽기 살기로 걸었다. 팔뚝의 핏줄은 터질듯이 솟구쳤다. 말을 찾지 못하면 앞으로 네팔에 도착할 때까지 하루 종일 이렇게 걸어야 한다고 생각하니 더욱 절박했다.

눈이 거의 녹아버렸다. 더 이상 눈밭에 난 흔적은 볼 수 없었지만 다행히 말 발자국이 눈 밑의 땅에도 새겨져있었다. 말 발자국은 작은 마을로 이어졌다. 황마가 이곳으로 들어온 것이 틀림없다. 이 마을을 샅샅이 뒤지면 황마를 찾을 수 있을 것이라고 생각했다.

마을로 들어가 한 집 한 집 살펴보기 시작했다. 티베트의 시골 마을은 담장이 높거나 대문이 있는 것이 아니라서 둘러보면 알 수 있었다. 몇몇 집을 살피다 마당에 도랑이 흐르는 어느 집에 황마가 묶여있는 것을 발견했다. 얼마나 반갑던지 황마를 보자마자 깊은 안도의 한숨이 나왔다. 반나절을 쉬지도 않고 걸어서 찾은 것이다. 예수님이 잃어버린 한 마리 양을 찾으셨을 때 이런 기분이었을까? 정말 기뻤다.

인기척 소리를 들었는지 집주인으로 보이는 티베트 할아버지가 나와서는 경계하는 눈빛으로 나를 보았다. 이 말은 내가 잃어버린 것인데 보관해주어서 감사하다고 했더니 중국말을 못 알아들으신다. 황마를 가리키며 이 말은 내 말이라고 손짓 발짓 해가며 표현해도 말귀를 못 알아들으신다. 모르는 척하는 것 같기도 했다.

나는 마을을 샅샅이 뒤져 중국어를 할 줄 아는 사람을 찾아서 데려왔다. 다행히 한 젊은 티베트 남자가 중국어를 조금 할 줄 알았다. 나는 청년에게 통역을 부탁하고선 말을 보관해주어 감사하다고 말했다. 그런데 티베트 할아버지는 자신의 말이라고 시치미를 뚝 뗐다. 황마의 등에 있던 말안장도 어디다 숨긴 건지 보이지 않았다. 기가 막혔다. 분통이 터졌지만 실랑이를 벌이고 싶지는 않았다. 그 순간 지혜를 달라고 하나님께 기도했다.

통역해주던 청년에게 원래 이 할아버지 집에 말이 있었냐고 물으니 당혹스러워했다. 없었던 것이 분명했다. 증거가 없어 고민하는데, 마침 산비탈을 돌아가는 끝에서 공안차(경찰차)가 다가오고 있었다. 나는 저기 공안차가 오고 있으니 공안들에게 물어보자고 했다. 만약 할아버지가 거짓말을 하는 것이라면 공안들에게 잡혀갈 것이라고 했다. 할아버지는 무서웠는지 곧바로 말을 넘겨주었다. 비록 말안장은 돌려받지 못했지만 얼마나 다행스러운 일인가! 그동안 티베트를 지나며 공안차를 한 번도 본 적이 없었는데 마침 그 순간 공안차가 지나가다니! 아빠가 어린 아들을 즐겁게 해주려 함께 놀아주는 것처럼 주님이 날 재밌게 해주시려 한다는 생각이 들었다. 하나님은 그렇게 자녀의 간구에 귀 기울이시고 자녀의 마음을 위로하시는 분이셨다.

> 너희가 아들이므로 하나님이 그 아들의 영을 우리 마음 가운데 보내사 아빠 아
> 버지라 부르게 하셨느니라
> _갈 4:6

> 그러나 하나님이 실로 들으셨음이여 내 기도 소리에 귀를 기울이셨도다
> _시 66:19

안장 없이 말을 탔더니 엉덩이가 굉장히 아팠다. 엉덩이 살이 벗겨져 피가 날 정도였다. 결국 황마 등에 침낭을 깔고 올라탔다. 안장보다는 못했지만 그래도 견딜 만했다.

무거운 배낭을 메고 쉬지도 않고 걸었던 터라 나는 말을 타고 끔벅끔벅 졸았다. 황마는 계속해서 서쪽을 향해 달려갔다. 끝이 없을 것 같은 길이었지만 드디어 네팔과의 국경이 다가오고 있었다. 40일 동안 히말라야를 지났다. 하나님이 때에 맞게 흑마와 황마를 보내셔서 거대한 산맥, 히말라야를 안전하게 건널 수 있었다.

> 보라 산들을 지으며 바람을 창조하며 자기 뜻을 사람에게 보이며 아침을 어둡
> 게 하며 땅의 높은 데를 밟는 이는 그의 이름이 만군의 하나님 여호와시니라
> _암 4:13

하나님을
찾아서

약속의 땅을
향하여

주님은 내게 이스라엘로 가라는
마음을 주셨지만 이스라엘이라는
나라 자체가 특별해서가 아니었
다. 하나님이 아브라함을 부르시
고 지시한 땅으로 가라고 명하셨
을 때도 가나안이 목적이 아니었
다. 가나안까지 가는 여정 가운데
하나님은 아브라함을 위기에서 구
하시고 보호하시며 하나님이 아브
라함을 사랑한다는 사실을 깨닫게
하셨다. 그것이 바로 하나님께서
보여주고자 하신 것이다.

폭염의 날씨에서
배우는 사랑

주의 도우심을 따라

드디어 히말라야의 끝자락에 다다랐다. 네팔 국경에 이르기 전에 한 티베트 마을에서 황마를 팔았다. 며칠 동안 풀을 뜯겨 통통하게 살을 찌워 900위안을 받았다. 황마 없이 혼자 길을 가려니 허전했다. 새끼 양이라도 데리고 다니고 싶어 목동에게 물어보니 50위안(7천 원)이면 살 수 있다고 했다. 하지만 네팔 세관에서 짐승은 통과가 안 될 것 같아 포기했다.

네팔로 들어오니 티베트와는 완전히 다른 세상이 펼쳐졌다. 사람들도 훨씬 깨끗한 편이고, 어딜 가든 카레와 향신료 냄새가 진동했다.

날씨도 초여름처럼 기온이 점점 높아져 점퍼를 벗어야 했다. 티베트를 지나는 동안 짱바만 계속 먹었더니 무슨 음식이든 먹고 싶었다. 티베트에 비하면 네팔은 먹거리 천국이었다. 물가도 싼 편이라 식당에서도 저렴한 가격에 배불리 먹을 수 있었다. 길가에 있는 천막 식당에서 닭고기 카레를 먹었는데 맛이 기가 막혔다.

네팔 국경도시 코다리에서 수도 카트만두를 향해 걷기 시작했다. 이틀이면 도착할 것 같았다. 지도상으로는 네팔을 지나 인도까지 가는 길이 멀지 않았다. 물론 정비된 도로가 있는 건 아니고 척박한 산악지대였다. 강물처럼 굽어진 산길을 계속 걸었다. 대부분 비포장 흙길이어서 차들이 지나가면 흙먼지와 매연 때문에 숨쉬기가 어려웠다. 산비탈에서 계단식 논밭에 농사를 짓는 사람들, 이마에 자신의 몸보다 더 큰 바구니를 지고 가는 사람들은 대부분 여인네들이었다. 그들의 고달픈 삶이 눈으로 느껴졌다.

해가 지고 어두워지기 시작하자 적당한 곳에 텐트를 쳤다. 저녁거리를 구하기 위해 근처 개울로 갔다. 히말라야 설산에서 내려오는 물줄기였다. 손전등을 켜고 미끼로 쓸 만한 것을 찾는데, 저 멀리서 노랫소리가 들렸다. 네팔 남자 두 명이 소를 한 마리 이끌고 다가왔다. 내가 영어로 인사했더니 네팔어로 대답했다. 시골에서 영어를 할 줄 아는 사람을 만나기란 하늘의 별따기다.

몸짓을 동원해 물고기를 잡으려 한다고 설명했더니 남자들이 손사래를 쳤다. 그러고는 내게 따라오라고 손짓하더니 자기네 집으로 안내했다. 작은 흙집에 나이든 여인과 또 다른 남자와 여러 명의 아이들이 있었다. 말로만 듣던 '일처다부제'인 것 같았다. 맏형이 데려온 신부를 동생들이 동의하는 경우 모두의 아내로 삼아 살아가는 것이다. 그들은 나에게 따뜻한 저녁을 대접해주었다. 이젠 짱바만 아니라면 뭐든 맛있게 먹을 수 있다. 티베트처럼 손으로 식사를 했는데 그나마 손을 씻을 수 있어서 감사했다.

내가 식사하는 동안 집안사람들은 먹지 않고 기다렸다. 힌두교에서는 손님을 또 다른 신으로 여겨, 주인은 손님이 식사를 끝낸 뒤에야 이어서 식사를 한다고 했다. 차까지 대접받아 거듭 감사를 표하고 다시 텐트로 돌아왔다. 일단 개울에서 몸을 씻었다. 히말라야를 지나는 동안 몸을 씻지 못해서 답답했는데 온몸이 개운했다. 오들거리는 몸을 수건으로 닦고 텐트로 돌아와서 손전등을 비추며 성경을 읽었다. 묵상한 말씀은 에스라서였다.

> 이 에스라가 바벨론에서 올라왔으니 그는 이스라엘의 하나님 여호와께서 주신 모세의 율법에 익숙한 학자로서 그의 하나님 여호와의 도우심을 입음으로 왕에게 구하는 것은 다 받는 자이더니 _스 7:6

우리 인생에 가장 절실하게 필요한 것은 하나님의 도우심이라는 생각을 했다. 그렇다면 어떻게 하나님의 도우심을 입을 수 있을까? 사랑하면 된다. 더욱 깊이 사모하면 주님이 도우신다. 에스라는 하나님을 매우 사랑해 평생 성경을 묵상하고 연구했던 사람이다.

> 내가 주의 법을 어찌 그리 사랑하는지요 내가 그것을 종일 작은 소리로 읊조리
> 나이다   _시 119:97

그는 하나님의 도우심으로 왕에게 구하는 것은 다 받는 자였다. 결
코 그는 세상살이에 급급해하지 않았다. 오직 하나님을 사모하며 이
스라엘의 영적 각성과 회복을 구할 뿐이었다. 그렇기에 에스라는 바
벨론에서의 안정된 삶을 버려두고 황폐한 이스라엘로 떠날 수 있었
다. 하나님을 사랑하면 내 나라가 아니라 하나님의 나라를 구하게 된
다. 나는 세상살이에 급급한가? 아니면 하나님의 나라를 소망하며 달
려가고 있는가? 하나님을 가장 사랑하고, 먼저 그의 나라와 의를 구
하는 자에게 주님은 이 땅에서도 필요를 넉넉히 채워주신다.

자아를 찾으려는 사람들

아침 일찍 일어나 짐을 꾸리고 다시 카트만두를 향해 걸었다. 정오
무렵 저 멀리 도시가 보이기 시작했다. 매연 때문인지 도시 위로 뿌
연 연기가 가득했다.

카트만두에서 인도와 파키스탄 비자를 동시에 받느라 일주일이
넘는 시간을 보냈다. 히말라야에서 몸을 너무 혹사시켜 지칠 대로 지

쳤었기에, 모처럼의 휴식이 참으로 감사했다. 한국 음식도 먹고 여러 나라 사람들과 교제도 했다. 그러다 카레 먹은 것이 잘못되어 급체를 했다. 바늘이 없어 면도칼로 손가락을 땄는데 바로 낫지 않아 3일을 고생했다. 아프고 났더니 하나님이 평소에 건강을 주신 것이 얼마나 감사한 일인지 깨달았다. 때로 하나님은 내 소중한 것을 가져가셔서 그동안 감사하지 못했던 마음을 돌아보게 하셨다.

카트만두에는 사원들이 많았다. 어떤 사원에는 기둥이나 천장에 온갖 음란한 그림들이 그려져있었다. 남녀가 성관계를 맺는 그림들, 혹은 동성애나 동물과 교합하는 그림들까지도 보였다. 나는 하나님께 이 소돔과 고모라와 같은 도시를 긍휼히 여겨달라고 간절히 기도했다.

카트만두에는 히말라야로 트레킹을 가는 사람들로 붐볐다. 안나푸르나 등반을 준비하는 캐나다 청년에게 무슨 이유로 위험한 모험을 하는 거냐고 물은 적이 있다. 청년은 밝게 웃으며 되물었다.

"그럼 당신은 무슨 이유로 내가 하려는 것보다 더 위험한 모험을 하고 있나요?"

그는 자신을 찾는 것이 모험의 목적이라고 했고, 나는 하나님을 찾는 것이 여행의 목적이라고 말했다. 많은 사람들이 자신이 누구이며, 어디로부터 와서 어디로 돌아가는지 찾길 원한다. 어떤 존재든 만들어진 목적이 있다. 그 목적은 만든 이가 가장 잘 알 것이다. 우리 인생도 마찬가지다. 우리 인생의 목적은 나를 지으신 하나님 안에서만 발견할 수 있다. 따라서 자신을 찾으려거든 먼저 하나님을 만나야 한다.

> 이 백성은 내가 나를 위하여 지었나니 나를 찬송하게 하려 함이니라 _사 43:21

도시에는 영어를 할 줄 아는 사람이 많기 때문에 네팔 사람이든 외국인 여행자든 만나는 사람마다 복음을 전했다. 간혹 예수님을 영접하는 사람이 있었지만, 예수님 이야기를 드러내놓고 싫어하는 사람들도 있었다. 그래도 포기하지 않았다. 복음을 전하는 것이 내 인생의 가장 큰 목적이 되었기 때문이다. 네팔 사람들은 보통 "나마스테."라고 인사하는데, 알고 보니 '내 안의 신이 당신 안의 신에게 경배한다.'라는 뜻이었다. 그래서 나는 늘 "지저스 러브즈 유."라고 답해줬다.

> 이 천국 복음이 모든 민족에게 증언되기 위하여 온 세상에 전파되리니 그제야
> 끝이 오리라   _마 24:14

비자를 받자마자 인도를 향해 출발했다. 티베트에서는 히말라야 산들이 그렇게 높아 보이지 않았다. 티베트 자체가 이미 4~5천 미터의 고지대였기 때문이다. 그런데 네팔에서 보는 히말라야의 산들은 정말 거대하고 웅장했다. 고개를 하늘로 치켜들어야 산 정상을 바라볼 수 있었다. 나는 히말라야의 드높은 산들에 둘러싸여 완전히 압도당했다. 온 천지에 가득한 하나님의 영광이 느껴졌다.

지독한 마음 훈련

인도에 가까워질수록 기온이 치솟았다. 윗옷을 벗고 다녀야 할 정도로 더웠다. 네팔은 그나마 산지라서 나무 그늘이 약간의 시원함을 제공했는데, 인도는 고통스러울 정도로 뜨거웠다. 동남아보다 더 뜨거웠는데 온도계를 보니 43도가 넘었다.

인도 국경을 지나 바라나시를 향해 계속 걸었다. 곳곳에서 인도의 독특한 모습을 볼 수 있었다. 버스에는 온갖 장식품들이 화려하게 달렸는데 앞머리에 눈, 코, 입이 그려져 만화에나 나올 법한 요란한 모습이었다. 자동차의 요상한 경적 소리는 소음이 되어 고막을 찔러댔다. 차에 치여 죽은 원숭이들도 적잖이 보았고, 길가에 쓰러져 자는 사람들도 수두룩했다. 죽었는지 살았는지 알 수 없는 사람들이 널브러진 거리 풍경은, 내가 본 모습 중 가장 참혹했다. 내가 살고 있는 세상에 이런 도시가 있다는 게 믿기지 않을 정도였다. 혼란스러워 보이는 도시 속에서 사람들은 아무렇지도 않게 살아갔다.

남쪽으로 내려갈수록 온도는 끝없이 치솟았다. 태어나서 처음 경험하는 살인적인 폭염이었다. 습한데 뜨거운 열기까지 더해져 숨쉬기도 힘들었다. 사람이 여행을 계획했다면 절대 이렇게 일정을 잡지 않았을 것이다. 가장 추운 겨울에 영하 50도까지 내려가는 몽골과

러시아를 출발해 눈보라 속에서 히말라야를 지나고 이제 상상하기 힘들 정도로 뜨거운 인도의 여름을 건넌다. 최악의 스케줄이다. 피해 가야 하는 날씨들인데 주님은 나를 이런 환경 속으로 몰아가셨다.

폭염 속을 걸으면서도 MP3플레이어로 계속 성경을 들었다. 출애굽기를 듣는데 하나님이 모세를 훈련시키는 내용이 큰 힘이 되었다. 모세는 다혈질이었다. 애굽인이 히브리인을 학대하는 것을 보고 분노를 이기지 못해 애굽인을 쳐 죽일 만큼 성질이 급했다. 그런 모세가 광야로 도망 나와 40년 동안 뜨거운 사막에서 방황한다. 모세는 도망 나왔다고 생각했겠지만 사실은 주님이 모세를 훈련시키기 위해 광야로 이끄신 것이었다. 뜨거운 태양 아래, 거친 모래 바람 속에서 그의 인격은 연단되었다.

이집트 왕자였던 모세는 그동안 무엇이든 하고 싶은 대로 할 수 있었다. 그러나 사막이라는 거대한 자연의 힘 앞에서 자신의 힘으로는 할 수 있는 것이 아무것도 없음을 깨닫는다. 광야의 뜨거운 태양 아래에서 양들을 돌보며 모세의 모난 자아는 깨어져갔다. 왕궁에서는 백성들이 그의 말에 복종했지만, 양들은 제멋대로였다.

이는 하나님이 모세를 훗날 제멋대로인 이스라엘 백성들을 이끌어갈 지도자로 준비시킨 과정이었던 것이다. 광야에서 40년을 보내고 이스라엘 백성을 출애굽 시킬 때 모세는, 그보다 온유한 사람이 없을 정도로 인품이 성숙해졌다. 모세의 광야 40년은 왕궁에서 40년간 형성된 그의 자아를 하나님이 완전히 깨뜨리신 시간이었다.

참고 견뎌야 한다. 주님은 나를 고통스럽게 하는 상황들과 나를 대적하는 사람들을 통해 모난 인격을 다듬어가신다. 그가 나를 단련하신 후엔 내가 정금과 같이 될 것이다.

강물로 죄를 씻으려는 사람들

무더위에 지쳐 더 이상 걸을 수 없었다. 이러다가는 탈진해 쓰러지겠다 싶어, 길을 가던 중 바라나시로 향하는 버스를 얻어 탔다. 현지인들처럼 버스 지붕에 짐과 함께 올라탔다. 지붕에서 맞는 바람은 뜨겁기 그지없었다. 드라이어의 뜨거운 바람을 정면으로 맞고 있는 것과 같은 고통이 느껴졌다.

버스 지붕에 매달린 채 두세 시간을 달려 바라나시에 도착했다. 날이 어두워지기 시작해 서둘러 갠지스강 근처의 여관으로 들어갔다. 여관방의 침대 머리맡에는 팔이 여덟 개인 괴물이 칼로 사람 머리를 잘라 한 손에 들고 있는 그림이 붙어있었다. 인도 땅을 덮고 있는 수많은 악한 세력들, 거짓 세력들이 보였다.

섭씨 46도의 폭염 속에서도 여관엔 에어컨도 없고 선풍기도 고장나 작동이 안 되었다. 몸이 불덩이처럼 달아올랐다. 화장실의 녹슨 수도꼭지에서 나오는 갠지스강물은 마음껏 쓸 수 있었기에 몸에 물을 묻혀 체온을 조금씩 낮추었다. 한증막에 갇힌 듯해서 밤새 한숨도 못 잤다. 여관 화장실 쪽의 창문을 통해 갠지스강이 보였다. 사람들은 그곳에서 밤새도록 시체를 태웠다.

다음날 아침 갠지스강을 거닐다 시체와 죽은 소가 떠내려가는 것을 보았다. 힌두교 신자들은 갠지스강을 신성하게 여겨 평생에 한 번 이곳에서 목욕하는 것이 소원이라고 한다. 이 강물을 마시고 여기에 몸을 씻으면 평생 지은 죄를 사함 받을 수 있다고 믿는다. 그들에게 죄 사함 받는 유일한 길은 오직 예수 그리스도 한 분뿐임을 알려야 한다. 우리 죄를 위해 십자가에 죽으신 예수님의 그 희생을 알려야 한다.

갠지스강을 거닐다가 강 둔치에 앉아있는 터번 쓴 남자에게 예수님을 아냐고 물었다. 그는 다짜고짜 예수를 존경한다고 대답했다. 하지만 예수는 사람일뿐 자신은 시바 신을 믿는다며 그 외에 여러 신들을 소개했다. 나는 인도 남자에게 이렇게 전했다.

"인도에는 수백만이나 되는 신들이 사람들의 입으로 전해 내려오고 지금도 새로운 신들이 만들어지고 있다고 들었습니다. 그런데 우주를 창조하신 하나님은 태초부터 영원토록 유일한 분이시고 성경을 통해 우리에게 자신을 알려주셨습니다. 하나님은 사람이 만들 수 있는 분이 아닙니다. 하나님이 사람을 만드셨습니다."

사영리를 가지고 예수님은 하나님의 아들이시고 갠지스강물이 아니라 오직 예수님의 십자가 보혈만이 우리의 죄를 씻을 수 있다고 전했다. 하지만 그는 고개를 내저으며 복음을 받아들이지 않았다. 나는 그에게 기도하며 축복해주었다.

폭염 때문에 잠을 제대로 잘 수 없어 정신이 몽롱하고 멍한 느낌이 들었다. 서둘러 이곳을 벗어나기로 결정했다. 버스터미널까지 가는데 소와 돼지 떼들이 거리를 자유롭게 돌아다녔다. 소가 뿔로 사람을 받기도 했는데, 소를 신성시하는 그들로서는 큰일이 아닌 듯했다.

날씨가 얼마나 뜨거운지 금방 물을 마셨는데도 100미터를 못 가 또 목이 말랐다. 옷은 땀으로 흠뻑 젖었다. 이런 날씨에 뼈만 앙상하게 남은 남자들이 릭샤(인력 자전거로 앞이나 뒤쪽에 사람이 탈 수 있는 의자가 있다.)에 사람들을 태우고 힘겹게 끌고 가는 모습이 참 안쓰러웠다. 인도는 카스트제도의 여파가 아직도 남아있었다. 국민은 4계급으로 나뉘는데, 가장 낮은 계급의 사람들은 온갖 힘든 일들을 도맡아서 해야 한다. 그런 제도가 인도인들의 의식 속에 여전히 남아있어서 폭염 속에서도 15시간 이상씩 일하는 사람들이 수두룩했다. 그런 일마저 없어서 거지처럼 구걸하다 죽어가는 사람들도 헤아릴 수가 없다.

우리나라도 조선 시대에는 계급이 존재했다. 하지만 복음이 들어오면서 하인이 주인보다 먼저 장로가 되는 일들이 있었다고 한다. 하나님 말씀 앞에서는 하인이 먼저 장로가 되어도 진심으로 존경하고 세워주는 일들이 일어났다. 신분에 상관없이 그리스도 안에서는 모두가 한 형제자매임을 깨달은 것이다. 그리스도의 복음만이 이 나라

힌두교 신자들은 갠지스강을 신성하게 여겨
평생에 한 번 이곳에서 목욕하는 것이 소원이라고 한다.
그들에게 죄 사함 받는 유일한 길은
오직 예수 그리스도 한 분뿐임을 알려야 한다.

가 살 수 있는 길이라는 생각이 들었다.

사랑이 자연스러울 때까지

힘겹게 버스터미널을 찾아갔다. 며칠 동안 잠을 못자서 심신이 극도로 지쳐있었다. 표를 사서 겨우 버스를 찾았다. 역시나 요란하게 장식된 버스 앞 유리에는 부리부리한 눈이 그려져있다. 버스에 올라타 내 자리를 찾았는데 의자가 쿠션도 없이 부서져있어서 엉덩이가 의자 밑으로 쑥 빠졌다. 어떻게 이런 자리를 돈을 받고 팔 수 있을까? 기사 아저씨에게 확인해달랬더니 와보고는 "노 프라블럼."(No Problem)이라고 말했다. 인도 사람들이 입에 달고 사는 말이 '노 프라블럼'이다. 옆자리에 앉은 사람에게도 물었지만 역시 "노 프라블럼."이라고 대답했다. 그래서 옆 사람에게 "이 의자가 문제가 없다면 자리를 바꿀 수 있을까요?" 하고 물었다. 그러자 주머니에서 뭔가를 찾는 척하며 딴청을 피웠다. 다행히 반대편에 앉은 청년이 처음에는 노 프라블럼이라고 하더니 갑자기 기사 아저씨에게 인도 말로 이야기를 했고, 나는 다른 자리에 앉을 수 있었다.

버스에서도 너무 뜨거워 잠을 잘 수가 없었다. 에어컨도 나오지 않고 창문을 열면 뜨거운 바람이 들어와 오히려 닫고 있는 편이 나았다. 하룻밤을 꼬박 새고 다음날 정오쯤, 버스는 건널목 앞에서 잠시 정차했다. 아이스크림 장사꾼이 버스로 다가오길래, 창문을 열고 아저씨를 불렀다. 하나에 10루피라기에 주머니에서 돈을 꺼내주었다. 그런데 장사꾼은 돈만 받고는 자전거를 타고 쏜살같이 사라졌다. 그 순간 기차가 지나가고 버스는 다시 출발했다. 상식적인 기대들을 내려놓아야만 평안을 누릴 수 있는 순간이었다.

인도를 지나는 동안 사랑하고 감사하는 것이 얼마나 힘든 일인지 뼈저리게 느꼈다. 어딜 가든 내 마음을 뒤흔드는 사람을 만났다. 마음을 지키기 위해 고린도전서 13장을 계속 묵상했다. 오래 참는 것이 사랑이라는 말씀을 붙들었다. 주님은 내 마음을 훈련시키셨다. '이런 상황에서도 감사할 수 있겠니? 이런 사람들이라도 사랑하고 품을 수 있겠니?' 주님은 계속 내 마음에 질문하셨다.

인간의 마음에서 일어나는 가장 자연적이고 원천적인 에너지는 분노이다. 분노는 가장 자연스러우면서도 쉽게 드러낼 수 있는 반면 긍휼한 마음은 쉽게 일어나지 않는다. 철저히 내 감정을 억누르고 성령께 복종시켜야 할 수 있는 것이 용서이다. 내 오른뺨을 때린 사람에게 어떻게 즐겁고 기쁜 마음으로 왼뺨까지 내밀 수 있겠는가? 원수까지도 품는 사랑은 철저히 내 자아가 십자가에서 죽을 때 가능하다. 나는 죽고 예수님이 사셔야 한다.

소설 《큰 바위 얼굴》의 주인공 어니스트는 바위에 새겨진 얼굴을 동경하며 오랜 시간 동안 그러한 사람이 나타나기를 소망한다. 부자, 장군, 정치인, 시인을 만났지만 큰 바위 얼굴과 같이 훌륭한 사람처럼 느껴지지 않았다. 그렇게 큰 바위 얼굴을 바라보며 겸손한 마음으로 살아가던 어니스트는 목사가 된다. 어느 날 설교를 듣던 시인이 어니스트가 바로 큰 바위 얼굴이라고 소리친다.

어떻게 하면 예수님 닮은 모습이 드러날 수 있을까? 예수님 닮기를 간절히 소망하면 된다. 그리고 매일 예수님을 바라보면 된다. 그러면 죄로 물든 내 자아가 깎이고 어느 순간 예수님 닮은 모습이 드러날 것이다. 의의 종이 된 사람은 분노가 아니라 사랑이 자연스러워진다. 육신에 속한 사람은 육신의 감정으로 반응하지만 영에 속한 사람은 성령이 주시는 마음으로 반응한다.

> 모든 무거운 것과 얽매이기 쉬운 죄를 벗어버리고 인내로써 우리 앞에 당한 경주를 하며 믿음의 주요 또 온전하게 하시는 이인 예수를 바라보자 _히 12:1,2

> 육신을 따르는 자는 육신의 일을, 영을 따르는 자는 영의 일을 생각하나니 육신의 생각은 사망이요 영의 생각은 생명과 평안이니라 _롬 8:5,6

나는 철저히 내 자아와 싸워야 했다. 감당하기 어려운 사람들을 만날 때마다 내 감정을 주님께 올려드렸다. 내 마음속에서는 매 순간 성령이 주시는 마음과 죄가 주는 마음이 싸웠다. 마음을 지키려면 성령의 도우심을 구하며 내 인격을 주님께 내드려야 했다. 그래야 분노와 미움으로부터 마음을 지켜낼 수 있었다. 상황과 환경이 문제가 아니었다. 마음이 무너지면 모든 것이 끝나버린다. 마음을 지킨다는 것

하나님을
찾아서

은 곧 생명을 지키는 것이다.

무릇 지킬 만한 것보다 더욱 네 마음을 지키라 생명의 근원이 이에서 남이니라

_잠 4:23

하나님의
타이밍이 응답이다

돌에 맞다

인도를 지나 파키스탄 라호르를 거쳐 페샤와르라는 도시에 들어섰다. 페샤와르는 파키스탄과 아프가니스탄의 국경 도시이다. 그곳에서 아프가니스탄 비자를 받기 위해 며칠 동안 머물렀다. 북인도의 폭염은 피했지만 여전히 40도가 넘어가는 불볕더위가 지속되었다.

걸어서, 때론 히치하이킹으로 이곳에 오기까지 여러 가지 어려움들을 겪었다. 파키스탄의 시골 마을에서는 과격한 무슬림들이 던진 돌에 머리를 맞을 뻔했다. 다행히 머리는 피했지만 왼팔에 맞아 시퍼렇게 멍이 들었다. 십자가 목걸이 때문인 줄 알았는데 알고 보니 짧은 반팔 티셔츠 때문이었다. 하늘에서 알라가 보고 있는데 어떻게 맨살을 드러내놓고 다닐 수 있냐며 대여섯 명의 남자들이 욕을 해댔다.

그 일 때문인지 복음 전하는 일이 두렵고 망설여졌다. 그런데 오히려 파키스탄 사람들이 먼저 종교에 대해 물어왔다. 이슬람 포교 활동이었다. 덕분에 오히려 복음 전하기가 쉬웠다. 나는 그리스도인이며 내가 왜 예수 그리스도를 믿는지 이야기해주었다.

무슬림들은 태어날 때부터 이슬람교에 대한 교육을 철저히 받기 때문에 웬만해서는 예수 그리스도를 인정하지 않았다. 예수님을 그저 선지자 중 한 명으로 볼 뿐이었다. 이슬람교가 무슬림들의 삶 자체인 듯했다. 그렇지만 간혹 어린아이들과 청소년, 청년들은 달랐다. 내가 만난 청년들 중에는 이슬람교의 삶의 방식과 교리에 대해 회의를 느끼는 이들도 있었다.

파키스탄을 위해 기도하며 많은 눈물을 흘렸다. 솔직하게 기도했다. 이런 사람들도 사랑하시냐고 탄식하며 기도했다. 그렇게 기도하며 말씀을 읽는데 주님은 간음한 여인의 이야기를 통해 말씀하셨다.

간음하다 현장에서 잡힌 여인은 정말 비난받아 마땅하다. 서기관과 바리새인들은 예수님께, 모세의 율법에는 간음한 자를 돌로 치라고 명하는데, 선생은 어떻게 할 거냐고 묻는다.

> 누구든지 남의 아내와 간음하는 자 곧 그의 이웃의 아내와 간음하는 자는 그 간부와 음부를 반드시 죽일지니라
> _레 20:10

예수님은 죄 없는 자가 돌로 치라고 대답하셨다. 그 자리에서 여인을 돌로 칠 수 있는 자는 죄 없으신 예수님 한 분 밖에 없었다. 그런데 예수님은 여인에게 이렇게 말씀하신다.

> 나도 너를 정죄하지 아니하노니 가서 다시는 죄를 범하지 말라 _요 8:11

예수님은 율법으로 사람을 죽이지 않고 사람을 살리셨다. 바로 이것이 예수님이 이 땅에 오신 목적이다. 주님은 죽이러 오신 것이 아니라 살리러 오셨다. 신명기에는 불효자에 대한 형벌이 나온다. 부모님 말씀에 순종하지 않고 방탕하게 살아가는 자식은 돌로 쳐서 죽이고 나무에 매달라고 명한다.

> 그 성읍 장로들에게 말하기를 우리의 이 자식은 완악하고 패역하여 우리말을 듣지 아니하고 방탕하며 술에 잠긴 자라 하면 그 성읍의 모든 사람들이 그를 돌로 쳐 죽일지니 이같이 네가 너희 중에서 악을 제하라 그리하면 온 이스라엘이 듣고 두려워하리라 사람이 만일 죽을죄를 범하므로 네가 그를 죽여 나무 위에 달거든 그 시체를 나무 위에 밤새도록 두지 말고 그 날에 장사하여 네 하나님 여호와께서 네게 기업으로 주시는 땅을 더럽히지 말라 나무에 달린 자는 하나님께 저주를 받았음이니라 _신 21:20-23

하늘 아버지의 말씀에 단 한 번도 불순종한 적이 없는 예수님은, 불효자가 받는 형벌을 십자가에서 받으셨다.

하나님을
찾아서

그리스도께서 우리를 위하여 저주를 받은 바 되사 율법의 저주에서 우리를 속
량하셨으니 기록된 바 나무에 달린 자마다 저주 아래에 있는 자라 하였음이라

_갈 3:13

사실 십자가는 하늘 아버지 앞에서 불순종하며 살았던 내가 받아
야 할 형벌인데, 예수님이 대신 받으시고 "너는 이제 죗값을 치렀다."
라고 말씀해주신다. 간음했던 여인도 돌로 쳐서 죽임당해야 마땅했
지만 그 형벌을 예수님이 대신 받으실 것이기에 여인은 정죄받지 않
았다. 파키스탄을 위해 기도하며 하나님께 계속 물었다.

'돌에 맞아가면서까지 이들에게 복음을 전해야 합니까?'

마음 깊은 곳에서 성령님의 세밀한 음성이 들려왔다.

'그렇다. 내가 너를 사랑한 것처럼 너는 저들을 사랑해야 한다.'

내 마음을 살펴보니 어느 순간부터 분노가 자리하고 있었다. 요나
가 니느웨 사람들에게 복음 전하는 것을 불편하게 여겼던 것처럼 파
키스탄 사람들에 대한 내 마음이 그러했다. 예수님은 계속 당신의 피
묻은 십자가를 보여주셨다.

십자가 아래에 서면 나의 모든 자랑은 교만으로 드러났고 용서할
수 없는 마음은 여전히 살아있는 내 자존심이라는 사실을 알게 되었
다. 기도하며 분노를 품었던 마음을 회개하고 저들을 사랑하게 해달
라고 기도했다. 초대교회 성도들은 돌에 맞는 것뿐 아니라 칼에 베이
고 화형을 당하고 짐승들에게 죽임을 당하면서도 복음을 전했다. 스

데반은 돌에 맞아 죽는 순간에도 살인자들을 축복했다. 죽음이 생명의 끝이 아니라 영원한 생명의 시작임을 믿기 때문에 가능한 일이었다. 예수님을 향한 뜨거운 사랑이 죽음도 두려워하지 않는 용기를 주었던 것이다.

> 내가 그리스도와 함께 십자가에 못 박혔나니 그런즉 이제는 내가 사는 것이 아니요 오직 내 안에 그리스도께서 사시는 것이라 이제 내가 육체 가운데 사는 것은 나를 사랑하사 나를 위하여 자기 자신을 버리신 하나님의 아들을 믿는 믿음 안에 사는 것이라
>
> _갈 2:20

하나님의 정확한 타이밍

페샤와르에서 아프가니스탄 비자를 받기 위해 찾아간 영사관은 며칠 동안이나 문이 닫혀 있었다. 행정 처리가 제대로 안 되는 곳이었다. 계획했던 길이 계속 막히자 조급해졌다. 숙소로 돌아와 홀로 예배드리며 비자를 받게 해달라고 기도했다. 다음날 영사관을 찾으니 다행히 문이 열려있었다. 하지만 비자를 받으려면 며칠 뒤에 오라고 퇴짜를 놓았다. 비자 받는 과정이 순탄하지 않았다. 불쑥불쑥 왜 주님이 기도에 응답하시지 않는지 답답하고 원망스럽기까지 했다.

며칠 영사관 직원과 씨름하다 결국 이란으로 경로를 바꿨다. 몇 킬로미터만 가면 아프간인데, 국경을 코앞에 두고 저 멀리 이란 국경으

로 돌아가기로 결정한 것이다. 파키스탄에서 머물 수 있는 시간이 얼마 남지 않았기 때문에 서둘러 이란 국경으로 이동했다. 온갖 고생을 하며 이란 국경에 도착했다. 이동하는 내내 왜 주님이 아프간으로 가는 길을 막으셨을까 생각했는데 하나님의 뜻을 알 수 없었다.

파키스탄에서 이란을 넘어가는 국경에서 까무러칠 만한 소식을 들었다. 국경마을에서 우연히 BBC방송을 보았는데, 뉴스에서 익숙한 지명이 나왔다. (파키스탄은 영국 식민지였기 때문에 영어권 공영방송이 많이 나온다.) 앵커가 속보를 전하는데 총소리와 폭탄 터지는 소리가 들렸다. 자세히 보니 파키스탄과 아프간의 국경지대였다. 순간 가슴이 철렁 내려앉았다. 내가 지나가려 했던 곳이 아닌가? 며칠 전 비자 신청이 접수되었더라면 지금쯤 국경을 넘었을 텐데 거기서 총격전과 폭탄이 터지는 전쟁이 일어난 것이었다.

뉴스를 보며 가슴을 쓸어내렸다. 하나님의 일하심에는 분명한 목적이 있었다. 어찌 보면 내 기도에 응답하지 않는 것이 주님의 기도 응답이었던 것이다. 더 안전한 길로 인도하시려 아프간 영사관 문을 닫으시고 비자를 막으신 것이었다. 이 일을 통해 하나님의 인도하심은 사람의 생각을 초월한다는 것을 알게 되었다.

애굽을 탈출한 이스라엘 백성들에게 큰 위기가 닥쳤다. 앞에는 넘실거리는 홍해가 가로막고 있었고 뒤에는 애굽 군대가 이스라엘 백성들을 죽이려고 쫓아오고 있었다. 병거들의 말발굽 소리는 이스라엘 백성들의 마음을 벼랑 끝으로 내몰았을 것이다. 그들은 왜 이런 상황을 하나님이 허락하시는지 이해할 수 없었다. 모세는 얼마나 간절히 주님께 기도했겠는가?

> 모세가 바다 위로 손을 내밀매 여호와께서 큰 동풍이 밤새도록 바닷물을 물러가게 하시니 물이 갈라져 바다가 마른 땅이 된지라 _출 14:21

거대한 홍해 앞에서 모세가 손을 내밀었을 때 한순간에 바다가 갈라졌다면 그처럼 멋지고 웅장한 일도 없었을 것이다. 그러나 성경은 그렇게 기록하고 있지 않다. "밤새도록 바닷물을 물러가게 하시니"(출 14:21).

바닷물은 한 번에 갈라진 것이 아니라 서서히 갈라졌다. 이스라엘 백성들이 얼마나 가슴 졸였겠는가? 하나님은 이스라엘 백성들을 홍해 앞에 세워두고 기다리게 하셨다. 밤새도록 바닷물이 물러났다면, 바다가 갈라지는 것인지 제대로 분간도 되지 않았을 것이다. 그런데 주님은 애굽의 군대를 진멸하기 위해 정확한 타이밍을 기다리셨다. 백성들의 속이 타들어가는 것과 상관없이 하나님은 그분의 계획대로 움직이셨다.

이스라엘 백성들과 애굽의 군대가 동시에 바다 속을 지나게 하시어 홍해 속에서 하나님의 백성들은 구원하시고 애굽의 군대는 진멸하셨다. 홍해가 이스라엘 백성들에게는 구원의 도구로, 애굽 군대에게는 심판의 도구로 사용된 것이다. 기막힌 하나님의 구원 시나리오

하나님을
찾아서

였다. 한순간에 구원과 심판의 역사를 보여주시며 하나님은 자신이 누구인지 만방에 드러내셨다.

때론 기도 응답이 빨리 이루어지지 않을 때 주님의 신실하심을 의심하거나 실망한다. 그러나 성도는 주께서 역사하시는 순간을 잠잠히 기다릴 줄 알아야 한다. 주님은 계획대로 일을 이루시기 위해 우리의 기도를 손에 들고 지금도 열심히 일하고 계신다.

잠잠히 기다리라. 주님은 우리 기도를 반드시 들으시고 그분이 계획하신 가장 최선의 길로 우리를 인도하신다.

> 이는 남은 자가 예루살렘에서 나오며 피하는 자가 시온 산에서 나올 것임이라 만군의 여호와의 열심이 이를 이루시리이다 _사 37:32

좁은 길이 좋은 길이다

> 어떻게 하든지 이제 하나님의 뜻 안에서 너희에게로 나아갈 좋은 길 얻기를 구하노라 _롬 1:10

사도 바울은 로마 교인들에게 편지하며 로마로 가는 좋은 길이 열리기를 기도한다고 전한다. 좋은 길이란, 좋은 사람들을 만나 막힌 것 없이 뻥뻥 뚫리는 순탄하고 형통한 길이라고 생각하기 쉽다. 많은 사람들이 '형통하다'는 말을 오해한다. 내가 원하는 학교나 직장에 들어가서 꿈을 이루는 것이 형통이라고 생각한다. 그러나 사도 바울의 심정은 달랐다. 그가 구했던 '좋은 길'이란 하나님이 예비하신 길이었다. 강도들이 득실대며 험난한 강과 바다와 사막의 위협을 거쳐야 하는, 사람들이 찾지 않는 협착한 길이더라도 주께서 동행하시는 길이라면 좋은 길이다. 사도 바울이 구했던 좋은 길은 바로 '좁은 길'이었다.

실제로 사도 바울은 어떻게 로마로 이동했는가? 예루살렘에서 잡혀 죄수의 몸으로 로마에 갔다. 그것도 배를 타고 바다를 건너다가 풍랑을 만나 목숨까지 잃을 뻔했다. 그 와중에도 사도 바울은 그를 호송하는 수백 명의 군인들의 생명을 살리고 난파된 섬에서 복음을 전했다. 사람이 기대하는 좋은 길이 아니라 주님이 예비하신 가장 좋은 길로 선교 여행을 했던 것이다.

이란에서도 하나님이 예비하신 길은 나의 인간적인 생각을 뛰어넘었다. 이란에 들어서자마자 사막을 만났다. 북부 인도 지방에서 40도를 육박하는 더위 때문에 괴로웠는데, 7월 남부 이란의 사막지대는 53도까지 올라갔다. 한겨울 몽골과 러시아 국경 바얀산맥의 영하 40도에 달하는 강추위보다도 견디기가 힘들었다. 숨도 제대로 쉴 수 없었다. 머리가 너무 뜨거워 물을 부으면 금세 물이 말라버렸다. 몇 시간도 못 버티고 탈수 현상으로 쓰러질 것 같았다. 뜨거운 태양 아래를 힘겹게 걷다가 사막 한복판에서 오아시스와 같은 마을을 만났다.

하나님을
찾아서

사람들이 찾지 않는 협착한 길이더라도

주께서 동행하시면 좋은 길이다.

식당에서 가장 싼 케밥을 먹으며 잠시 쉬는데 덩치 큰 두 명의 이란 남자가 다가왔다. 영어를 꽤나 잘했는데 야즈드라는 도시로 가는 길이라며 가는 방향이 같으면 태워주겠다고 했다. 내가 이스라엘로 가는 중이라고 했더니 아주 먼 길을 간다며 놀라워했다. 이스파한과 테헤란을 거쳐 터키로 들어갈 계획이었다. 이스파한으로 가는 길에 야즈드가 있으니, 그들과 동행하기로 했다. 무엇보다 사막의 뜨거운 열기를 빨리 벗어나고 싶었다.

두 남자가 타고 온 차는 7~8인승 밴이었는데, 뒷좌석을 개조해 짐칸으로 사용했다. 에어컨이 고장나서 더울 거라고 했는데 정말 지옥이 따로 없었다. 어서 이곳을 탈출하고 싶은 마음이 간절했다. 이란 남자들은 내내 축구 얘기만 했다. 나는 비스킷이라도 나눠먹을까 싶어 배낭을 뒤졌다. 그런데 배낭을 놓았던 자리 뒤쪽 통로 바닥에 소총 한 자루가 놓여있는 것이다. 순간, 얼음이 되어 꼼짝할 수 없었다. 심장이 쿵쾅거렸다.

비스킷 찾는 것을 그만두고 앞을 향해 앉았다. '도대체 이 사람들은 누구일까? 왜 내게 차를 태워준다고 했을까? 이슬람 과격 단체의 테러리스트는 아닐까? 내겐 딱히 훔쳐갈 것도 없는데, 날 납치해서 팔아버리려고 하나?' 온갖 생각이 스쳐지나갔다. 돌처럼 굳어서는 마음속으로 연신 주님을 찾았다. '주님, 어떻게 해야 하죠?' 이곳을 탈출해야 할 것 같았다.

마음을 추스르고 어떻게 이곳을 빠져나갈지 생각했다. 별다른 방법이 떠오르지 않았다. 한참 동안 얼음처럼 굳어있었는데 밴의 사이드미러를 보니 멀리서 버스 한 대가 따라오고 있었다. 버스와 간격이 좀 더 좁혀지기를 기다렸다. 버스가 1킬로미터 정도 차이로 따라붙었을 때 나는 차를 세워달라고 말했다. 용변을 보고 가자고 했더니 남자들은 호탕하게 웃으며 차를 길가에다 세웠다. 덩치 큰 이란 남자들은 드넓게 펼쳐진 황야 쪽으로 돌아서 볼일을 보았다. 나는 볼일을 보는 척하다가 순간적으로 몸을 돌려 배낭을 꺼내 버스가 달려오는 쪽을 향해 전력 질주했다. 버스가 내 앞에 멈추자 재빨리 올라탔다. 다행히 이스파한으로 가는 버스였다. 가슴을 쓸어내리며 안도의 한숨을 쉬었다. 이란 남자들의 정체는 알 수 없었지만 어쨌든 위험에서 벗어났다는 생각에 마음이 진정되었다.

버스는 요금도 저렴했고 에어컨도 빵빵하게 나왔다. 빈자리가 있어 앉아서 갈 수 있었고, 게다가 음료나 쿠키를 서비스로 주는 승무원까지 있었다. 이란은 유류비가 저렴하니 버스 회사들이 질 좋은 서비스를 제공하고 있었다. 이란의 버스는 우리나라의 우등 버스처럼 고급스러웠다. 의자를 뒤로 젖힐 수 있어 야간 버스를 이용하면 텐트보다 훨씬 편하게 잘 수 있어 그 뒤부터는 버스로 이동을 했다.

세상을 이기는 믿음은 어디에서 오는가

내겐 작동이 되다 안 되다 하는 수동카메라가 있다. 타클라마칸 사막을 지날 때 흙먼지가 많이 들어가서 고장이 났는지 그때부터 말을 안 들었다. 수동 카메라는 찍는 사람이 직접 렌즈를 돌려 초점을 맞춰야 한다. 한 피사체에 초점을 맞추면 배경은 흐릿해지며 피사체가 더 선명하게 부각되는데 이를 아웃 포커스라고 한다.

나는 죽고 예수가 사시는 것이 이와 같다고 생각한다. 예수님께 초점을 맞추면 주위의 모든 상황은 흐릿해지고 하나님의 계획만이 선명해진다. 세상과 사람들의 말이 아니라 하나님 말씀에 집중하게 되며 그분이 하실 일들을 믿음으로 바라보게 된다. 오직 예수님께 집중할 때 세상을 이기는 믿음을 얻을 수 있다.

이란과 터키의 국경을 넘으며 아라라트산을 보았는데 그 위용이 정말 대단했다. 아브라함이 머물렀던 땅 하란을 지나며, 드디어 성경의 배경이 되는 지역을 지나는구나 싶어 가슴이 설렜다. 중국에서 이곳까지 유라시아 대륙을 횡단하며 낮에는 MP3플레이어로 성경을 듣고 밤에는 손전등으로 불을 밝혀 성경을 읽었다. 2년이 넘는 시간 동안 매일같이 말씀을 읽었더니 성경을 100독 넘게 할 수 있었다. 그렇게 성경을 읽고 나서 그 배경이 되는 지역을 지나기 시작하니 밟는 곳마다 감동이 넘쳤다.

터키는 역사적으로 한국과 형제 관계라 그런지 어딜 가나 환대를 받았다. 한국전에 참여했던 터키 할아버지도 만날 수 있었고, 여전히 2002년 월드컵을 추억하며 즐거워하는 이들도 많았다. 얼마나 친절한지, 걷고 있으면 차를 세워 태워주겠다고 하고 사람들도 없어 일부러 히치하이킹을 할 필요도 없었다.

인심 좋은 터키 아저씨의 트럭을 얻어 타고 갑바도기아에 도착했다. 카타콤 유적이 있어서 꼭 와보고 싶었던 도시였다. 이곳 카타콤은 7, 8세기에 기독교인들이 이슬람의 핍박을 피해 신앙을 지켰던 지하 동굴이다. 지하로 10층이 넘는 방들이 개미굴처럼 연결되어있는 그 어두운 동굴에서 가축들과 사람들이 뒤섞여 살았다. 한여름인데도 카타콤은 겨울처럼 싸늘했다. 햇빛을 보지 못하니 온갖 전염병이 돌아 사람들이 얼마 살지도 못하고 죽어나갔다고 했다.

무엇 때문에 그리스도인들은 이런 죽음과도 같은 고통을 선택한 것일까? 예수 그리스도를 포기할 수 없기에, 이런 비참한 삶을 살면서라도 믿음을 지켰던 것이다. 이들에겐 세상에서의 삶보다 믿음이 더 소중했다. 그들은 세상의 두려움과 마주한 것이 아니라 예수 안에 있는 영광과 마주하고 있었다.

> 나는 선한 싸움을 싸우고 나의 달려갈 길을 마치고 믿음을 지켰으니 이제 후로는 나를 위하여 의의 면류관이 예비되었으므로 주 곧 의로우신 재판장이 그 날에 내게 주실 것이며 내게만 아니라 주의 나타나심을 사모하는 모든 자에게도 니라
> _딤후 4:7,8

우리 시선을 예수께 고정시켜야 한다. 세상의 시류를 좇지 않고 오직 믿음으로 사는 성도는 결국 영광스런 의의 면류관을 얻을 것이다.

카타콤 안은 개미굴처럼 복잡해서 표지판을 보고서도 길을 잃기 쉽다. 지하 4층쯤에서 길을 잃었다가 캐나다에서 온 노부부를 만났다. 그날 함께 저녁 식사를 하며 교제를 나누었는데, 두 분 모두 신실한 성도였다. 카타콤에서 느낀 그리스도인들의 숭고함에 대해 감탄하며 이야기를 나누었다. 내가 여기까지 오는 동안 겪은 하나님의 일하심을 나누었더니 놀라워하며, 캐나다를 위해 기도해달라고 부탁했다. 교회에는 백발의 노인들만 가득하고 청년들과 청소년들은 세상의 쾌락을 좇아 살고 있다며 깊은 한숨을 내쉬었다.

그들은 진심으로 캐나다 교회를 사랑하고 있었다. 나와 같은 청년들이 캐나다의 젊은이들에게 믿음의 도전을 주면 좋겠다고 했다. 식사를 마치고 이별 인사를 하는데, 할아버지가 악수를 청하셨다. 주름 가득한 손으로 내 손을 꼭 잡아주시고는 금세 자리를 뜨셨다. 내 손엔 100달러 지폐 두 장이 남겨져있었다.

의미 있는 것은 잊히지 않는다

터키 중남부 타르수스에서는 아이누르라는 여대생을 만났다. 나와 동갑내기 대학생이었는데, 차도르를 하지 않고 청바지에 흰 티셔츠를 입고 있었다. 파키스탄, 이란과 달리 터키의 도시 여성들은 복장이 꽤나 자유로운 편이었다.

벤치에 앉아 책을 읽고 있기에 다가가 인사를 했다. 무슬림이냐고 물었더니 부모님은 무슬림이지만 자신은 마호메트도 알라도 믿지 않는다고 말했다. 그녀는 이슬람교는 앞으로 없어져야 한다고 했다. 충격적이었다.

이야기를 들어보니, 무슬림 부모 때문에 받은 상처가 있었다. 아이누르는 머뭇거리더니 이내 속 얘기를 꺼냈다. 그녀의 아버지에게는 3명의 아내가 있는데 차별 대우가 심해서 그녀는 아버지의 사랑을 받아본 기억이 없었다. 일부다처제는 무슬림 집안에서 흔한 일이었다. 아이누르의 가족들은 지하방에서 제대로 먹지도 입지도 못했는데 아버지는 새로운 아내와 먼 지방으로 떠나버렸다고 말하며 눈시울을 붉혔다. 나는 아이누르에게 사람의 사랑은 연약해서 깨어질 때가 많지만 온 우주를 지으시고 아이누르를 만드신 하나님의 사랑은 결코 변하지 않는다고 전했다. 그러고는 말씀 한 구절을 읽어주었다.

내가 확신하노니 사망이나 생명이나 천사들이나 권세자들이나 현재 일이나 장래 일이나 능력이나 높음이나 깊음이나 다른 어떤 피조물이라도 우리를 우리 주 그리스도 예수 안에 있는 하나님의 사랑에서 끊을 수 없으리라 _롬 8:38,39

"하나님은 공평한 분이셔서 누구든지 그를 찾는 자에게 완전한 사랑을 보여주세요." 아이누르에게 사영리를 전했더니 눈물을 흘리며 영접기도를 따라했다. 2년 반 동안 여러 나라의 사람들에게 복음을

우리는 고통스런 일들을 만날 때
하나님이 함께하시지 않는다고 생각한다.
그러나 하나님은 엄마가 갓난아이를 돌보듯이
눈을 떼지 않고 우리 삶을 지켜보신다.

전했지만 이렇게 눈물로 예수님을 영접하기는 처음이었다. 아이누르는 자신의 얘기를 들어줘서 고맙다고 했다. 하나님의 사랑을 알아가면 아버지도 용서할 수 있을 거라고 얘기해주었다. 하나님의 계획은 완전하시다. 그녀의 삶도 하나님이 신실하게 인도하고 계심이 느껴졌다.

우리는 때로 불행하거나 고통스런 일들을 만날 때 하나님이 함께 하시지 않는다고 생각한다. 그러나 하나님은 엄마가 갓난아이를 돌보듯이 눈을 떼지 않고 우리 삶을 지켜보신다. 우리와 동행하며 발걸음을 인도하신다.

바둑 선수들은 경기 후 자신들이 놓았던 수를 다시 맞추어본다. 그런데 놀랍게도 200수가 넘는 돌들을 순서도 틀리지 않고 복기한다고 한다. 그 비결에 대해 그들은 이렇게 말한다.

"단 한 수도 의미 없이 놓은 것이 없기에 모두 기억하는 것입니다."

의미 있는 것은 잊히지 않는다. 하나님이 성도들 인생에 의미 없이 행하는 일은 단 하나도 없으시다. 그렇기에 성도들이 겪는 아픔과 고통도 모두 하나님이 하셨다고 고백할 수 있다. 우리 삶을 주관하시는 분은 하나님이다. 우리가 이해할 수 없는 모든 상황도 하나님의 완전한 계획 속에 있다.

> 우리를 비천한 가운데에서도 기억해주신 이에게 감사하라 그 인자하심이 영원함이로다
>
> _시 136:23

하나님을
찾아서

마침내 약속의
땅에 들어가다

하나님이 살아계신다면

터키 남부 안타키아에 있는 안디옥교회를 방문한 뒤 국경을 넘어 시리아로 갔다. 그런데 시리아 출입국 관리소에서 문제가 발생했다. 5시간 넘게 직원들과 씨름했지만 비자를 발급해주지 않았다. 시리아는 북한과 수교를 맺은 나라라서 한국인에게는 비자를 내주지 않는다고 못을 박았다. 이스라엘까지 가려면 무조건 시리아를 지나야 했다. 이라크를 통해 가는 길도 있지만 미국과 전쟁 중이라 매우 위험했다. 비행기를 타고 요르단이나 이스라엘로 넘어가는 방법도 있지만 수중에는 캐나다 부부에게 받은 200달러가 전부였다. 비자 발급

비용으로 사용할 돈이었다.

국경에서 텐트를 치고 하룻밤을 보냈다. 그리고 다음날 주님이 국경을 지나게 하시리라 믿음으로 선포하며, 시리아 출입국 관리소를 찾아가 직원들과 단판 승부를 벌이기로 했다. 비자를 발급해달라고 하자 직원들은 어제 그 사람이 또 왔다며 수군거렸다. 직급이 가장 낮은 직원부터 시작해 점점 직급이 높은 직원까지 차례대로 만났다. 내 여권을 보며 왜 이렇게 많은 나라를 다녔는지 캐물으며 스파이가 아니냐고 묻기도 하고 군대를 갔다 왔는지, 총을 쏴본 적이 있는지 등 수많은 질문으로 심문했다.

그러고는 배낭의 짐을 모두 꺼내 검사했는데, 성경책과 사영리를 보더니 기독교인에게는 더더욱 비자를 내줄 수 없다고 딱 잘라서 말했다. 그날 결국 또 비자를 받지 못했다.

국경에서 하룻밤을 또 보내고 다음날 다시 출입국 관리소를 찾았다. 이틀 동안 밥을 못 먹어 머리가 어질했다. 그냥 기도로는 안 될 일이라 금식기도를 시키시나 보다 생각했다. 비자를 달라고 외치자 직원들이 눈이 휘둥그레지며 또 왔다고 난리였다. 하나님이 당신들을 사랑하신다고, 나는 이 땅을 축복하기 위해 왔다고 전했다.

비자과 직원은 도저히 안 되겠다 싶었는지 나를 건물 안쪽에 있는 방으로 데려갔다. 담배 연기가 자욱하고 분위기가 범상치 않았다. 벽에는 시리아의 독재자 바샤르 알 아사드 사진이 걸려있었다. 자식에게 지도자 자리를 성공적으로 물려준 나라가 전 세계에 딱 두 군데 있는데 바로 시리아와 북한이다. 같은 처지에 있는 나라끼리 수교를 맺어 서로 도우며 사는 것이다. 벽에 걸린 저 아랍인 때문에 비자를 못 받고 있다고 생각하니 분통이 터졌다.

잠시 직원과 앉아있었더니 배불뚝이 아저씨가 콧수염을 만지며 들어왔다. 그가 무슨 일이냐고 묻자 직원은 자초지종을 설명했다. 물론 두 사람은 아랍어로 대화를 했지만 나는 그들의 표정만으로도 어떤 대화가 오갔는지 알 것 같았다. 배불뚝이 시리아 아저씨는 내게 무슨 일로 시리아에 온 것인지 물었다. '주님 이번이 마지막 기회입니다. 주님이 하셔야 합니다!' 나는 마음속으로 기도했다.

"하나님을 찾기 위해 한국을 떠나왔습니다. 하나님이 정말 살아계시다면 나를 이스라엘까지 가게 하실 것이라고 믿고 왔습니다. 그리고 지난 2년 반 동안 죽을 고비들을 넘기고 힘겨운 싸움 끝에 이곳까지 왔습니다. 이제 시리아만 지나면 요르단을 거쳐 이스라엘까지 갈 것입니다. 하나님이 살아계시다면, 하나님이 지금 당신의 마음을 바꾸셔서 시리아 비자를 내게 주실 것입니다!"

배불뚝이 아저씨는 한참 동안이나 담배를 입에 물고 내 여권을 살피더니 나가서 기다리라고 했다. 비자 받는 곳으로 돌아가 성경을 읽으며 기다렸다.

이르되 우리 조상들의 하나님 여호와 주는 하늘에서 하나님이 아니시니이까 이방 사람들의 모든 나라를 다스리지 아니하시나이까 주의 손에 권세와 능력

2시간쯤 지났을까? 비자 창구의 직원이 여권을 건네며 가라고 했다. 여권을 보니, 시리아 비자 도장이 찍혀있었다. 할렐루야!

하나님은 살아계시다. 하나님을 모르는 사람들은 이 모든 일들을 우연, 혹은 행운이라고 말하겠지만 나는 살아계신 하나님이 행하셨음을 믿는다. 하나님은 지금도 우리와 동행하시고 우리 기도에 응답하신다. 왕의 자녀가 믿음으로 행할 때 왕의 능력은 자녀에게서 분명히 나타난다.

폐허 속 버려진 아이

8월 중동의 사막은 굉장히 뜨거웠다. 이란의 사막에서 극한의 더위를 맛본 터라 그에 비할 바는 아니었지만 여전히 대지는 불타올랐다. 이제 300킬로미터 정도만 더 가면 이스라엘에 도착한다. 약속의 땅이 얼마 남지 않았다고 생각하니 가슴이 뛰기 시작했다.

뜨거운 한낮에는 그늘을 찾아 잠을 청했고, 해질 무렵부터 해가 뜨기 전까지는 계속 걸었다. 지나는 곳마다 삼삼오오 모여 앉은 시리아 남자들이, 차 한잔 하고 쉬었다 가라고 손짓했다. 네팔에서 이곳까지 바지 하나와 티셔츠 두 개로 버텼다. 티셔츠가 땀에 절어 허옇게 소금이 드러날 정도였다.

해도 뜨지 않은 이른 새벽, 시리아의 수도 다마스쿠스에 도착할 즈음 갑자기 비가 쏟아졌다. 비를 피할 곳을 찾아 급히 어느 작은 마을로 들어갔다. 금방이라도 무너질 것 같은 조립식 건물이 보여 들어가보니 온갖 쓰레기 더미에서 역한 냄새가 코를 찔렀다. 지붕의 균열 사이로 비가 새고 있어 텐트를 쳤다. 전날 오후부터 12시간을 걸었던 터라 서있기조차 힘들었다. 하루에 15시간씩, 사력을 다해 걸었다. 120킬로미터 가량, 이틀만 더 걸으면 이스라엘이었다. 알람을 2시간 뒤로 맞추고 잠시 눈을 붙였다. 얼마나 피곤했는지 머리가 땅에 닿기도 전에 잠든 것 같다. 꿀 같은 단잠을 잤다. 몇 분밖에 안 지난 것 같은데 어느새 2시간이 지나 알람이 울렸다. 서둘러 텐트를 접고 비옷을 꺼내 입었다. 비가 언제 그칠지 모르니 무작정 기다릴 수만은 없었다.

다시 길을 떠날 채비를 하고 건물을 나오는데 입구 쪽 모퉁이에 한 아이가 누워있었다. 아까 들어올 때는 어두워서 보지 못했는데 아이는 밤새 이곳에서 잠을 잔 것 같았다. 예닐곱 살밖에 안 되어보이는 아이 몸에는 악취가 났다. 구걸하며 하루하루를 살아가는 듯했다. 한 발엔 해진 운동화를 신었고, 다른 한 발엔 검은 비닐봉지를 씌워 둘둘 말아두었다. 너무 안쓰러웠다. 지금껏 많은 나라들을 지나오며 거리에 버려진 아이들을 만났다. 가난한 나라의 수많은 아이들은 꿈도 가져보지 못한 채 길거리에서 죽어가고 있었다.

아이가 깰 때까지 그 옆에 앉아 성경을 읽었다. 한 시간쯤 지났을까? 아이가 잠에서 깼는데 두려움이 섞여있는 눈망울이 참 순수해보였다. 이름이 앗사드라고 했다. 언어가 통하지 않아 이름 외에는 알길이 없었다. 아이에게 내 운동화를 가리키며 다마스쿠스에 같이 가자고 했다. 밖에는 여전히 비가 내리고 있었다. 아이에게 내가 입고있던 비옷을 벗어주고, 배낭에는 방수커버를 덮고 빗속을 걷기 시작했다. 비가 언제 그칠지 모르기 때문에 지체할 수 없었다. 운동화가 젖을까 봐 맨발로 1시간 정도 아이와 함께 걸었다. 혹 아이 발에 상처가 나지 않을까 걱정되었다.

다마스쿠스에 도착하자마자 아이에게 아침을 사 먹이고 신발가게를 찾았다. 수중에는 100불 정도가 남아있었다. 요르단 국경을 넘을때 쓸 비자 발급 비용이었지만 고민하지 않고 운동화를 구입했다. 가지고 있던 십자가 목걸이와 영어로 된 사영리를, 새 운동화와 함께아이에게 건네주었다. 앗사드는 빗속에서 한참 동안 내 손을 꼭 잡고있었다. 이 아이가 하나님을 알게 되기를 그리고 험난한 세상을 살며어떤 어려움도 꿋꿋이 이겨내기를 기도했다. 아이를 꼭 안아주고 작별인사를 하는데 다시 비가 쏟아지기 시작했다.

요르단 국경을 향해 계속 걷다가 빗물에 샤워를 했다. 샴푸로 머리도 감고 몸에 비누칠도 했다. 오랜만에 씻으니 개운했다. 오전 내내비가 내리다 오후가 되어서야 그쳤다. 몸은 극도로 지쳤고 졸음이 쏟아져 눈꺼풀이 절로 감겼다.

다행히 해가 지고 나서 요르단 국경에 도착했다. 얼마나 피곤했는지 텐트에 눕자마자 잠들어버렸다. 이틀 후엔 이스라엘에 도착할 수 있을 것이라 생각하니 꿈만 같았다.

고통을 견뎌낸 사람

고통 중에 주께서 나를 더욱 깊이 만나주시니 언젠가부터 내 기도의 내용이 바뀌었다. 이전엔 내가 겪어야 할 고난을 피하게 해달라고 기도했는데 이젠 고난을 이길 힘을 달라고 기도한다.

고통의 터널을 지나며 하나님을 깊이 묵상할 때에야 시편과 같은 고백이 입술에서 터져 나온다. 고통을 견뎌낸 사람이야말로 참된 믿음을 소유한다. 편안하게 살며 은혜를 누리려 하면 안 된다. 예수님을 위해 기꺼이 고난받는 삶을 택할 수 있어야 한다. 진짜 예수님을 위해 사는 사람은, 고난을 받게 되어있다.

> 나로 말미암아 너희를 욕하고 박해하고 거짓으로 너희를 거슬러 모든 악한 말을 할 때에는 너희에게 복이 있나니 기뻐하고 즐거워하라 하늘에서 너희의 상이 큼이라 너희 전에 있던 선지자들도 이같이 박해하였느니라   _마 5:11,12

흔들어서 흔들리면 진짜가 아니다. 어떻게든 마귀는 성도들을 무너뜨리려 한다. 온 세상이 흔들릴지라도 요동하지 않고 예수만 바라보는 사람이 진짜 믿음의 사람이다. 하나님의 나라는 견고하다. 창조주 하나님께 자신의 인생을 전적으로 맡겨드린 사람은 어떠한 상황에서도 흔들리지 않는다. 예수를 따르는 성도는 요동치 않으시는 예수님과 연합되었기 때문이다.

> 그러므로 우리가 흔들리지 않는 나라를 받았은즉 은혜를 받자 이로 말미암아 경건함과 두려움으로 하나님을 기쁘시게 섬길지니 우리 하나님은 소멸하는 불이심이라
> _히 12:28,29

> 네 짐을 여호와께 맡기라 그가 너를 붙드시고 의인의 요동함을 영원히 허락하지 아니하시리로다
> _시 55:22

이스라엘로 부르신 이유

마지막 남은 돈으로 비자 값을 치르고 요르단 땅을 밟았다. 세계문화유산으로 등록된 페트라에 가보고 싶은 마음이 굴뚝같았지만 입장료가 없어 다음 기회로 미루었다. 대신 요르단의 수도 암만에서 남쪽으로 20킬로미터 떨어진 느보산을 찾아갔다. 느보산은 모세가 가나안을 바라보며 죽었던 곳이다. 이곳에서 여리고까지는 27킬로미터이고 예루살렘까지는 46킬로미터의 거리이다.

느보산에 올라 모세처럼 가나안을 바라보는데 희미하게 이스라엘 땅이 보였다. 그 자리에 멈춰 한동안 이스라엘을 바라보는데 가슴이

세계에서 가장 오래된 도시 다마스쿠스.

벅차올랐다. 2년 반 전에 약속을 주셨던 하나님은 나를 이곳까지 안전하게 인도하셨다. 하나님의 살아계심을 나는 분명히 보았다. 사스가 퍼지고 있을 때 중국으로 들어가게 하시더니 성경을 읽게 하셨고 이제는 성경의 무대를 직접 눈으로 보고 밟게 하셨다. 이 모든 것 하나 하나가 내 계획대로 된 것이 없었다. 한 걸음 한 걸음 주님이 신실하게 내 발걸음을 인도하신 것이다.

황량한 광야 길을 따라 이스라엘 국경까지 걸어갔다. 터키에서부터 오랜 시간을 걸어오느라 발톱 하나가 빠졌다. 계속 피가 나서 손수건을 찢어 발가락에 묶고 절룩거리면서 걸었다. '왕의 대로'를 지나 이스라엘 국경까지 이동했다. '왕의 대로'는 구약의 창세기와 신명기에도 나오는 오래된 길 이름이다. 오랜 기간 성경을 통독하고 이스라엘 부근을 지나니 웬만한 지명들은 귀에 익숙했다.

하루 야영을 하고 이스라엘 국경에 도착했다. 끝까지 쉬운 일은 없었다. 이스라엘 출입국 관리소에서 5시간이나 붙들려 검문을 받고 나서야 드디어 이스라엘 땅을 밟았다. 할렐루야! 이곳까지 오는 데 2년 반이라는 시간이 걸렸다. 정말 감격스러웠다. 그동안 여러 위기들을 만났고 매 순간 포기하고 싶을 정도로 험난한 여정이었지만 하나님은 신실하셔서 내게 주신 약속을 이루셨다. 여리고를 지나 예루살렘을 향하는 길에 계속 떠오르는 것이 있었다. 처음 주님이 주셨던 마음.

'거기서 네가 구하는 것을 찾으리라.'

주님은 내게 이스라엘로 가라는 마음을 주셨다. 그런데 생각해보

하나님을
찾아서

니 이스라엘이라는 나라 자체가 특별한 것이 아니다. 하나님이 아브라함을 부르시고 지시한 땅으로 가라고 명하셨을 때도 가나안이 목적이 아니었다. 가나안까지 가는 여정 가운데 하나님은 아브라함을 위기에서 구하시고 지켜주셨다. 아브라함은 그 여정을 통해 하나님이 자신을 사랑한다는 사실을 깨달았다. 그것이 바로 하나님께서 보여주고자 하신 것이다. 그 사랑을 경험했기 때문에 결국 모리아에서 자신이 가장 사랑하는 이삭을 주님께 드릴 수 있었다.

하나님은 우리가 가장 사랑하는 것을 바치라고 요구하실 때가 있다. 그런데 우리는 '주님 다른 것은 다 드려도 이것만큼은 안 됩니다.'라고 응답할 때가 많다. 우리가 드리지 못하는 그 한 가지는 우리에게 전부와 같이 소중한 것이다. 아브라함에게 이삭이 바로 그러했다. 그러나 하나님은 나를 살리기 위해 자신의 전부와도 같은 독생자 예수님을 내어주셨다. 우리에게 전부를 주신 하나님은 결코 부분을 요구하시지 않는다. 우리의 젊음, 우리 인생의 전체를 요구하신다.

> 그러므로 형제들아 내가 하나님의 모든 자비하심으로 너희를 권하노니 너희 몸을 하나님이 기뻐하시는 거룩한 산 제물로 드리라 이는 너희가 드릴 영적 예배니라
>
> _롬 12:1

예루살렘으로 향하는 길에서 나의 전부를 주님께 드렸다. 나의 젊음과 가족, 나의 인생과 꿈 모두 하나님께 드렸다. 주님께서 기뻐하시

비아돌로로사. 예수님이 십자가를 지고 걸어가신 길. 하나님은 나를 살리기 위해 자신의 전부와도 같은 독생자 예수님을 내어주셨다.

는 뜻대로 마음껏 사용하시라고 고백하며 약속의 땅 예루살렘으로 들어갔다.

> 나는 하나님의 집에 있는 푸른 감람나무 같음이여 하나님의 인자하심을 영원
> 히 의지하리로다 주께서 이를 행하셨으므로 내가 영원히 주께 감사하고 주의
> 이름이 선하시므로 주의 성도 앞에서 내가 주의 이름을 사모하리이다
>
> _시 52:8,9

인생의 사명을 발견하다

예루살렘에 도착한 뒤 구시가 다윗 성 근처에 있는 게스트하우스에 머물렀다. 저녁부터 밤늦게까지는 신시가지의 한 레스토랑에서 서빙 아르바이트를 했다.

오전에는 매일 골고다 언덕에 올라 조용히 묵상하며 성경을 읽었다. 예루살렘은 세계적으로도 유명한 관광 도시라서 여러 나라의 여행객들을 만날 수 있었다. 많은 이들이 관광을 목적으로 그곳을 찾았다. 그곳에서 성경을 읽고 있으면 사람들이 무얼 읽느냐며 말을 걸어왔다. 그러면 하나님이 나를 얼마나 사랑하시는지 알고 싶어서 성경을 읽고 있다고 얘기했다.

예수님을 잘 알지 못하는 이들은 예수가 십자가에서 죽은 사건에 대해 알려달라고 했다. 그러면 나는 신이 나서, 바로 우리 죗값을 대

신 치르기 위해 하나님의 아들 예수님이 이곳에서 죽으시고 부활하셨다고 얘기해주었다.

"예수님이 당신을 정말로 사랑하시는데 사랑한다는 말로는 부족해서, 문자로는 다 표현할 수 없어서 직접 이 땅에 오셔서 십자가에 죽으셨어요. 당신을 얼마나 사랑하는지 보여주려고 말이죠."

그렇게 사람들에게 예수님을 전하는데 어느 순간 울컥 눈물이 쏟아졌다. 내가 복음을 전하는 그곳이 바로 복음이 시작된 곳이다. 2천 년 전 나를 위해 죽으신 예수님의 십자가 사랑. 복음이 시작된 골고다 언덕에서 내가 복음을 전하고 있었다.

'정말 하나님은·살아계신가?'라는 질문에 대한 답을 얻기 위해 한국을 떠나왔다. 하나님을 찾아서 떠나온 내게, 주님은 지금도 살아계시고 우주를 통치하시고 나의 삶을 신실하게 인도하시는 분이심을 분명히 보여주셨다.

그리고 내 인생의 목적을 깨닫게 하셨다. 바로 사명을 위해 사는 것. 먼저 그의 나라와 의를 구하며 복음 증거자의 삶을 사는 것. 내 생명보다 귀한 일. 죽으나 사나 이루어야 할 가장 급하고 중요한 일이 바로 사명을 이루는 것임을 알게 하셨다.

내게 생명보다 귀한 것이 있는데 돈이 문제겠는가? 직장이 문제겠는가? 건강이 문제겠는가? 영원한 나라를 위해 사는 것, 그것이 그리스도인의 사명이다. 그 사명을 위해 사는 길이 죽든지 살든지 내가 바라보고 달려가야 할 길이다. "죽으면 죽으리라." 고백하며 예수님과 동행하면 세상이 감당치 못할 믿음의 사람으로 살 수 있다.

예루살렘에서 3주 동안 있다가 이스라엘 백성들이 출애굽했던 경로를 거꾸로 지나며 성지순례를 떠났다. 홍해에는 스쿠버다이빙을 즐기는 사람들이 많았는데 나는 돈이 없어 호스를 구해다가 입에 물고 바다로 뛰어들었다. 홍해 속 산호초들이 정말 아름다웠다. 시내산을 걸어 올라가 산 위에서 하룻밤을 지내고 일출을 보았다.

믿음으로 발을 내딛으라

그렇게 긴 여정이 끝났다. 한국으로 돌아가기 위해 이집트 카이로로 갔다. 시내에 있는 모든 여행사를 뒤져 한국으로 가는 50만 원짜리 편도 비행기 티켓을 구했다. 신기하게도 한국에서 출발할 때 50만 원을 들고 나왔는데 갈 때도 50만 원에 들어간다. 터키의 수도 이스탄불을 경유해 한국으로 들어가는 터키항공이었다. 비행기는 내가 거쳐왔던 나라들 위로 비행했다. 2년 7개월 동안 달려온 길을 비행기로 가니 15시간 밖에 안 걸렸다. 2003년 2월에 떠난 여정은 2005년 9월, 그렇게 감사함으로 마무리가 되었다.

이스라엘 백성들은 가나안을 향할 때 거대한 홍해를 만났다. 아직 하나님을 잘 알지 못하고 믿음이 없었던 그들은 홍해가 갈라지는 모습을 목격하며 바다를 건넜다. 그리고 40년 동안 하나님의 살아계심을 보며 훈련받은 이스라엘 백성들은 요단강을 지날 때 흐르는 물에 발을 담갔다. 제사장들도 법궤를 메고 흐르는 요단강에 발을 내딛었다. 물속에 몸이 잠기고 죽을지도 모르는 일이었다. 하지만 두려움 속에서도 하나님이 역사하실 것을 믿고 몸을 던졌다. 그랬더니 요단의 상류에서부터 물이 끊기는 기적이 일어났다.

이것이 바로 세상이 감당치 못할 믿음이요 세상을 이기는 믿음이다. 하나님이 책임지실 것을 믿고 믿음으로 발을 내딛으면, 물이 갈라진 것처럼 바다를 건너고, 대로를 걸어가듯 사막을 지나고, 평지를 달리듯 높은 산을 넘을 것이다. 우주 만물을 창조하시고 다스리시는, 살아계신 하나님은 지금도 성도들의 삶을 신실하게 인도하신다.

> 이 하나님은 영원히 우리 하나님이시니 그가 우리를 죽을 때까지 인도하시로다
>
> _시 48:14

하나님을
찾아서

하나님 나라를 비상하는
독수리가 되라!

하나님은 우리 믿음이 연약할 때, 때론 기적을 통해 믿음을 강하게 하신다. 초대교회 때 그러했듯이 하나님은 우리 삶에 특별한 방식으로 역사하신다. 그러나 하나님을 찾아 떠났던 이 여행 이후 기적만 바라며 살고 있지는 않다. 죄인이 하나님의 은혜를 누리며 사명으로 살아가는 하루하루가 기적의 삶이기 때문이다. 한번은 청년들이 많이 모인 예배에서 간증을 마치고 질의응답 시간을 가졌다. 그때 한 청년이 이렇게 물었다.

"전도사님은 지금도 매 순간마다 하나님의 음성을 들으며 살아가고 있나요? 이스라엘까지 가는 동안 겪었던 그런 다이내믹한 삶을 지금도 추구하시나요?"

청년의 질문에 이렇게 대답했다.

"하나님은 다양한 통로로 지금도 우리에게 말씀하시는 분입니다. 먼저 하나님은 성경을 통해 우리에게 말씀하시는데 성경에서 벗어난 방법으로는 역사하시지 않습니다. 하나님은 그의 자녀들이 어떤 결정과 선택의 순간에서든 혼자 고민하지 않고 자신에게 간구하기를 원하십니다. 하나님은 우리와 친밀한 관계를 맺고 싶어 하시기 때문입니다. 하나님은 어떤 사인을 통해, 혹은 말씀으로 우리에게 확신을 주시기도 하지만 그렇지 않을 때도 있습니다. 도저히 하나님의 뜻이 무엇인지 알 수 없어 답답할 때도 많은데 저 역시 어떤 선택을 해야 하나님이 기뻐하실지 몰라 고민할 때도 많습니다. 중요한 것은 내 마음의 중심이 하나님만을 향하고 있는지를 매 순간 확인하는 것입니다. 성경은 '하나님의 뜻은 이것이니 너희의 거룩함이라'(살전 4:3)라고 말씀합니다.

하나님은 이미 말씀을 통해 그분의 기뻐하시는 뜻이 무엇인지 알려주셨습니다. 거룩함을 지키기 위해 몸부림치고 먼저 그의 나라와 의를 구하는 태도가 중요합니다. 우리 마음이 나의 욕심이 아니라 하나님이 기뻐하시는 뜻을 향하고 있다면 우리가 어떤 선택을 하든 그 결정 가운데 주님은 역사하십니다."

주님은 나에게 하신 것처럼 믿음이 연약한 자에게 특별한 이적을 행하심으로 믿음을 성장케 하실 때도 있다. 하지만 하나님은 마치 숨어계시는 분처럼 잘 보이지 않아서 우리로 하여금 오직 그분을 잠잠히 바라보며 기다리게도 하신다.

> 구원자 이스라엘의 하나님이여 진실로 주는 스스로 숨어계시는 하나님이시니
> 이다
> _사 45:15

그 기다림이 때론 지치고 힘들지만 그럴 때일수록 더욱 간절히 하나님을 찾고 갈망해야 한다.

하나님을 만나는 것이 가장 중요하다

지금 나는 말씀 사역자로서, 청소년 사역자로서, 선교동원가로서 살아가고 있다. 작년까지 서울 성북구 고등학생들의 기독연합모임을 인도하였고 현재는 지역교회를 통해 청소년 사역을 감당하고 있다. 때로는 수련회나 집회 강사로 초청받아 청년들에게 선교에 대해 도전을 준다. 이 모든 사역, 영원한 나라를 바라보며 그분의 일을 감당하는 것은 참으로 기쁘고 행복한 일이다. 청년 시절 하나님을 경험하지 못했다면, 과연 지금 이 모든 것을 행복하게 여길 수 있을까?

한국에 있는 동안에는 꾸준히 고향 문경으로 내려가 고등학교 기독 동아리의 수련회를 돕고 있다. 말씀을 전해줄 사람이 없어서 설교자를 보내달라고 기도하는 아이들에게 나는 종종 기도 응답으로 보

내졌다. 지금도 3시간 동안 차를 운전하여 가는 내내 아이들에게 생명의 말씀을 전할 생각에 가슴이 뛴다. 살아계신 하나님을 전하는 시간은 내 삶에서 가장 행복하고 기쁜 순간이다.

한번은 1박 2일 동안 성경 사경회를 인도했다. 쉬는 시간 없이 5시간씩 세 번 말씀을 전했는데, 고등학생들이 졸릴 땐 허벅지를 펜으로 찔러가며 말씀을 들으려고 했다. 그때 난 이 땅의 소망을 보았다. 이 시대의 청소년들과 청년들이 희망이다. 이들이 복음 앞에 깨어난다면 한국 교회가 살고 열방이 주께 돌아오게 되리라 믿는다.

지방의 작은 교회에서 간증을 할 때면 사례를 많이 못해서 미안해 하시는 분들도 있다. 그럴 때면 내가 오히려 더 죄송스럽다. 가장 즐겁고 행복한 시간을 누리는 사람은 나 자신인데, 대접만 받는 것 같아 미안하다.

나는 독자들에게 학교나 직장을 다 포기하고 당장 떠나라고 말하고 싶지 않다. 하나님은 각자의 자리에서 하나님 나라를 이루어가며 주님과 동행하는 삶을 매우 귀하게 여기시기 때문이다. 그러나 무너진 삶 속에서 오랜 시간 동안 일어나지 못하고 있을 때, 또한 기쁨 없이 신앙생활하는 것이 너무나 지치고 힘들 때, 전부를 걸고 하나님을 찾아보라고 권면하고 싶다. 우리가 인생에 중요하다고 여기는 그 어떤 것보다도, 하나님을 만나는 것은 가장 시급하고 중요한 일이다. 그것을 깨달아야 한다.

특별히 청년들에게는 시간의 십일조를 주님께 드리라고 권한다.

개인적으로는 20대의 절반을 선교지에서 보냈다. 결코 후회하지 않는 시간이었고 하나님은 분명 나의 그 시간을 기뻐 받으셨으리라 믿는다. 20대를 사는 이들이여, 하나님이 우리에게 주신 시간 중 1년을 하나님께 드려보라. 선교지로 나가 선교를 감당하는 것도 좋고 1년이라는 시간 동안 전적으로 말씀을 공부하는 시간으로 보내도 좋다. 좋은 직장을 만나고 멋진 배우자를 만나는 것보다 하나님을 만나는 것이 우리 인생에서 가장 중요하다. 하나님을 제대로 만나야 하나님이 기뻐하시는 직장생활, 하나님이 기뻐하시는 가정을 이룰 수 있다.

이 시대의 청년들을 보면 야성을 잃어버린 것 같아 안타까울 때가 많다. 분명 청년의 때에만 할 수 있는 모험과 도전, 지치지 않는 열정이 있다. 그것을 하나님 나라를 위해 드리라. 하나님은 반드시 그 사람을 하나님 나라의 귀한 일꾼으로 사용하실 것이다. 동물원에 갇혀 있는 사자에게 살아있는 토끼를 던져주면 잡아먹지 못한다고 한다. 사육되면서 야성을 잃어버린 것이다. 독수리 역시 자랄 때부터 갇혀 있으면 날 줄 모른다고 한다.

청년들이여, 주님 안에서 힘껏 초원을 달리는 사자가 되길 바란다. 하늘을 비상하는 독수리가 되길 축복한다.

하나님을 찾아서

1판 1쇄 발행 2015년 6월 3일
1판 4쇄 발행 2019년 10월 22일

지은이 김영광

발행인 양원석
본부장 김순미
편집장 김건희
교정교열 송도숙
해외저작권 최푸름
제작 문태일, 안성현
영업마케팅 최창규, 김용환, 윤우성, 양정길, 이은혜, 신우섭
　　　　　유가형, 김유정, 임도진, 정문희, 신예은, 유수정

펴낸 곳 ㈜알에이치코리아 임프린트 아드폰테스
주소 서울시 금천구 가산디지털2로 53, 20층 (가산동, 한라시그마밸리)
편집문의 02-6443-8902　　**구입문의** 02-6443-8838
홈페이지 http://rhk.co.kr
등록 2004년 1월 15일 제2-3726호

글·사진ⓒ김영광, 2015
Printed in Seoul, Korea

ISBN 978-89-255-5606-2 (03230)

아드폰테스(Ad Fontes)는 '사슴이 시냇물을 찾듯이'(시 42:1)에서 나온 '원천으로 돌아가자'는
뜻의 라틴어로 복음의 근본을 생각하는 **RHK**의 기독교 임프린트입니다.